스마트폰으로
사진 편집하고
동영상 만들기

저자 **김수진**

한국정보화진흥원, SK하이닉스, 한국전력공사, 국립중앙도서관, 한국표준협회 등에서 컴퓨터 분야 전문 강사로 활동하고 있다.

주요 저서로는 (주)다본에서 발행된 《ITQ 한글 2010》, 《ITQ 엑셀 2010》, 《ITQ 파워포인트 2010》, 《ITQ 한글+파워포인트+엑셀 2010》, 《ITQ 한글 2016》, 《ITQ 엑셀 2016》, 《ITQ 파워포인트 2016》, 《ITQ 한글+파워포인트+엑셀 2016》, 교학사에서 발행된 《My love 파워포인트 2003》, 《MY love 파워포인트 2007》, 《한글 2014로 문서 꾸미기》, 《한글포토샵 CC 사진꾸미기》, 《New My love 포토샵 CC》, 《윈도무비 메이커+스위시맥스+동영상 만들기》, 《기초에서 실무까지 정보화 실무 엑셀》, 《기초에서 실무까지 정보화 실무 파워포인트》, 《포토샵CC 2018》 등과 아티오에서 발행된 《포토스케이프》, 《엑셀 2013》, 《스위시맥스 UCC 동영상 만들기》, 《플래시 CS6》 등이 있다.

스마트폰으로
사진 편집하고 동영상 만들기

초판 1쇄 발행 2020년 8월 21일
초판 3쇄 발행 2023년 12월 12일

지 은 이	김수진
펴 낸 이	한준희
펴 낸 곳	(주)아이콕스

기획/편집	아이콕스 기획팀
디자인(본문)	아티오
영 업 지 원	김효선, 이정민
영 업	김남권, 조용훈, 문성빈

Education by Sympathy

주 소	[14556] 경기도 부천시 조마루로 385번길 122 삼보테크노타워 2002호
등 록	2015년 7월 9일 제386-251002015000034호
홈 페 이 지	http://www.icoxpublish.com
이 메 일	icoxpub@naver.com
전 화	032-674-5685
팩 스	032-676-5685
I S B N	979-11-6426-130-7 (13000)
	979-11-6426-143-7 (15000) 전자책

스마트폰으로 사진 편집하고 동영상 만들기

with 싸이메라와 키네마스터

김수진 지음

iCox
Education by Sympathy

프롤로그

중장년층이 가장 많이 사용하는 스마트폰 어플은 무엇일까요? 한 기관의 조사에 따르면 1위가 카카오톡, 2위가 유튜브라고 합니다. 의외의 결과인 것 같지만 중장년층을 대상으로 강의하는 저로서는 고개가 끄덕여지는 대목입니다. 흔히 중장년층들은 메시지를 주고받거나, 뉴스와 날씨를 검색하고, 간단한 사진 촬영을 하는 용도로 스마트폰을 사용할 것 같지만 전혀 그렇지 않습니다.

강의를 하다보면 많은 분들로부터 '유튜브'에 관한 질문을 받게 됩니다. 카메라는 뭘 사야 하는지, 마이크가 있어야 하는지, 영상은 어떻게 찍는지, 휙휙 날아다니는 글씨는 어떻게 만드는지, 컴퓨터가 있어야 하는지 등. 카메라? 마이크? 처음에는 이런 질문들이 조금 의아하게 느껴지다가, 왜 이런 질문들이 나오는지 알게 되었지요. 검색창에 "유튜버"를 입력하면 '유튜버 필수템'으로 조명, 마이크, 삼각대, 크로마키 배경 등이 줄줄이 나오는 것을 볼 수 있습니다. 하지만 저는 강조하고 싶습니다. "이런 거 다 필요 없다"고요.

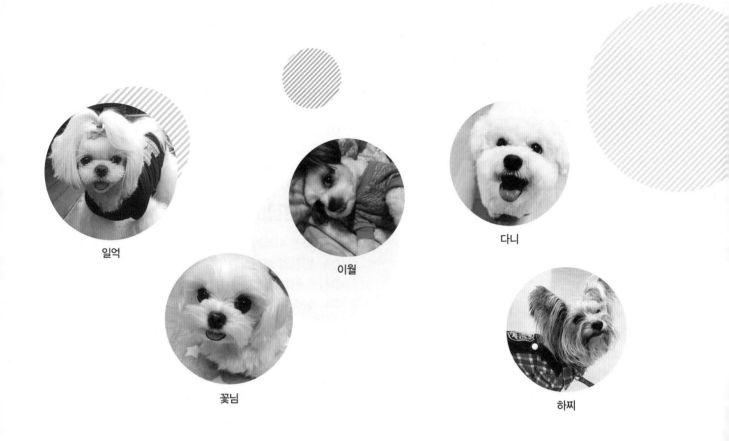

일억

이월

다니

꽃님

하찌

스마트폰에 〈싸이메라〉와 〈키네마스터〉 어플만 내려 받으면 누구나 유튜버가 될 수 있습니다. 특히 〈키네마스터〉는 초등학생들도 자유자재로 사용하는 간단한 어플입니다. 어렵게 느낄 이유가 전혀 없습니다. 이 책은 〈싸이메라〉로 찍고 보정한 사진을 〈키네마스터〉로 가져와 영상으로 만드는 방법을 알려줍니다. 설명이 어렵다면 본문에 실린 사진을 보며 따라해 보세요. 동영상 만들기가 무척 간단한 일임을 알게 될 것입니다.

책을 집필하며 크고 작은 어려움이 있었지만, 이번에도 우리 댕댕이들이 많은 부분을 해결해주었습니다. 저작권 문제를 간단히 해결해준 우리 반려견들 일억, 꽃님, 이월, 다니, 하찌에게 고맙다는 말을 꼭 하고 싶습니다. 또한 이 책을 출간할 수 있도록 많은 도움을 주신 (주)다본 전대권 대표님, 이종두 대표님, 디자인 봄 이선주 대표님, 강원경 이사님, 김정철 사장님께 감사의 말씀 전합니다.

저자 **김수진**

목차

Section 01 싸이메라 시작하기

싸이메라는 한 번의 터치로 인물을 보정할 수도 있고, 스티커, 라이드 등의 트렌디한 아이템으로 사진을 꾸밀 수 있는 애플리케이션입니다. V라인 터치성형, 메이크업을 한 듯한 피부를 표현할 수 있으며, 다양한 그리드로 개성만점 콜라주를 만들 수도 있습니다.

싸이메라로 사진찍기

뷰티 셀카 찍기

01 싸이메라 앱 설치하기

01 앱스 화면에서 ▶(구글 Play 스토어)를 **터치하여** 실행합니다. 구글 Play 스토어 검색창에
"싸이메라"를 입력한 후 검색 목록에서 **'싸이메라'를 터치합니다.**

> **Tip**
> 스마트폰 홈 화면을 위로 드래그
> 하면 앱스 화면이 열립니다.

02 싸이메라 검색 화면에서 **[설치]를 터치하여** 앱을 설치합니다. 설치가 완료되면 **[열기]를**
터치합니다.

03 싸이메라가 실행되면 화면을 왼쪽으로 드래그하여 싸이메라 앱의 설명을 읽어 본 후 시작하기 화면이 나타나면 **[시작하기]를 터치합니다.**

04 접근 권한 안내 화면에서 **[확인]을 터치하면** 싸이메라가 실행됩니다.

02 싸이메라로 사진찍기

01 싸이메라 화면에서 📷(카메라)를 터치한 다음 촬영 및 동영상 녹화 허용 여부 화면에서 **[허용]을 터치합니다.**

02 싸이메라의 기기 위치 액세스 및 미디어 파일 액세스 화면이 나타나면 **모두 [허용]을** 터치합니다.

03 싸이메라 위젯에 대한 안내 화면에서 **[확인]을 터치합니다.** 타이머를 설정하기 위해 MODE(MODE)를 터치한 다음 **[☑타이머]를 터치하여 '3초'로 설정합니다.**

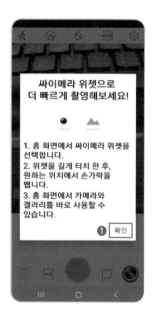

> **Tip**
>
> **MODE**
> **타이머** : 사진 촬영시 타이머를 OFF, 5, 7, 10초로 설정할 수 있습니다. 단 타이머가 설정되어 있는 경우 손떨림 보정 선택을 할 수 없습니다.
> **터치 촬영** : 화면 어디든 터치하여 사진을 촬영할 수 있습니다.
> **손떨림 보정** : 촬영시 손떨림 현상을 보정할 수 있습니다.

04 ●(촬영)을 터치하면 화면에 3초 카운트가 표시된 다음 사진이 촬영됩니다. 다시 촬영 모드로 돌아가기 위해 [◎](카메라)를 터치합니다.

05 연속 촬영을 하려면 ⚫(렌즈)를 **터치합니다.** 렌즈 메뉴를 왼쪽으로 드래그하여 🎞(Pop4)를 **선택한** 다음 ✅(확인)을 **터치합니다.**

 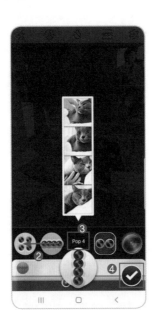

06 ⏱(타이머)를 두 번 터치하여 '3초'로 설정한 다음 ⚫(촬영)을 **터치합니다.** 4가지 표정을 지으면 사진이 연속 촬영되어 1장의 사진으로 담아냅니다. 📷(카메라)를 **터치합니다.**

03 뷰티 셀카 찍기

01 ⊕(촬영 방향)를 **터치하여** 전면 촬영 모드로 변경한 다음 ◉(렌즈)를 **터치합니다.** 렌즈 메뉴를 왼쪽으로 드래그하여 ◉(Basic)을 **선택한** 다음 ◉(확인)을 **터치합니다.**

02 필터를 적용하기 위해 ▭(필터)를 **터치하여** 'Classic'을 **선택합니다.**

03 클래식 필터에서 'Cream' 필터를 선택한 다음 **필터 값을 적당히 조절한** 후 다시 Cream 필터 **단추를 터치하면** 사진이 촬영됩니다.

Tip **사진 삭제하기**

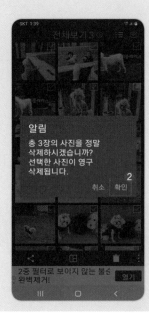

싸이메라 화면에서 🖼(갤러리)를 터치합니다. 삭제할 사진을 2초간 누르면 사진이 선택됩니다. 🗑(삭제)를 터치하고, 삭제 유무를 묻는 화면에서 [확인]을 터치합니다.

1. 싸이메라 앱을 이용하여 풍경 사진을 찍어보세요.

2. City 필터를 적용하여 도시 느낌의 사진을 촬영해 보세요.

3. 연속 촬영을 이용하여 다음과 같이 셀프 촬영을 해보세요.

4. 원하는 필터를 적용하여 사진을 찍어 보세요.

Section 02 사진 편집하기

촬영한 사진에서 필요한 부분만 자르거나, 좌우 또는 상하 대칭 시킬 수 있습니다. 수평이 맞지 않는 사진을 간단하게 수정할 수 있고, 여러 장의 사진을 한 장으로 합성할 수 있습니다.

사진 자르기

반전과 회전하기

01 사진 자르기

01 싸이메라 화면에서 📷(편집)을 터치합니다. [Camera] 화면에서 **자르기 할 사진을 선택합니다.**

> **Tip**
> [전체 보기]를 터치하여 [Camera]
> 를 선택하면 Camera 폴더에 저장
> 되어 있는 사진을 볼 수 있습니다.

02 사진 편집 화면에서 🔳(편집)을 터치하여 🔲(자르기)를 선택합니다. 사진 크기를 '4:5'로
선택하고 사진 영역을 드래그하여 위치를 맞춘 다음 **[적용]을 터치합니다.**

> **Tip**
> [편집] 메뉴에서 자르기가 보이지
> 않으면 편집 메뉴를 왼쪽으로 드
> 래그합니다.

03 사진을 원하는 크기로 자르려면 ◀(이전)을 **터치하여** 자르기 이전 상태로 되돌립니다.
◨(편집)을 터치하여 ▣(자르기)를 선택합니다.

> *Tip* ....
> ◀(이전)을 터치하면 수정하기 이
> 전의 상태로 되돌아갑니다.

04 자르기 메뉴에서 ▣(자유롭게)를 **선택합니다.** 조절점을 드래그하여 크기와 위치를 조절한
다음 **[적용]**을 터치합니다.

05 사진이 원하는 크기로 잘린 것을 확인할 수 있습니다. 사진을 저장하기 위해 ⬇ (다운로드)를 **터치하여** 이미지를 저장합니다.

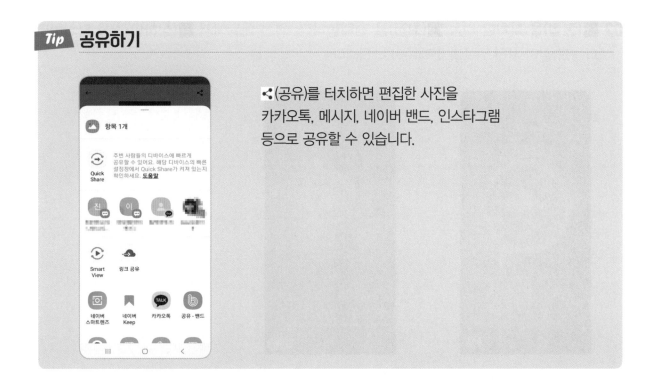

Tip **공유하기**

◁ (공유)를 터치하면 편집한 사진을
카카오톡, 메시지, 네이버 밴드, 인스타그램
등으로 공유할 수 있습니다.

02 반전과 회전하기

01 싸이메라 화면에서 📝(편집)을 **터치한** 다음 [Camera] 화면에서 **반전시킬 사진을 선택합니다.**

02 📐(편집)을 **터치한** 다음 ⊙(회전)을 **선택합니다.** 회전 메뉴에서 ⬍(상하반전)을 **터치하면** 다음과 같이 사진 위쪽과 아래쪽이 바뀝니다.

03 사진을 왼쪽으로 회전시키려면 ◈(왼쪽 회전)을 터치합니다. 이전 상태로 되돌리려면
◈(오른쪽 회전)을 터치한 다음 [적용]을 터치합니다.

04 편집한 사진을 카카오톡으로 공유하기 위해 ◀(공유)를 터치합니다. 💬(카카오톡)을 터치한
다음 카카오톡 친구 목록에서 **공유대상을 선택**하고 [확인]을 터치합니다.

Tip 편집 사진 저장 폴더

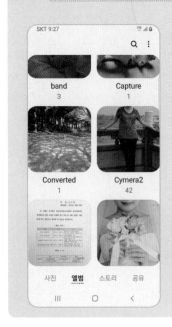 

앱스 화면에서 갤러리를 터치한 다음
[앨범] 탭을 선택하면 [Cymera2] 앨범에
싸이메라 앱에서 편집한 이미지가
저장되어 있는 것을 확인할 수 있습니다.

03 수평보정하기

01 싸이메라 화면에서 ✎(편집)을 터치합니다. [Camera] 화면에서 **수평보정할 사진을** 선택합니다.

02 ⬜(편집)을 터치한 다음 ◢(수평보정)을 선택합니다. 사진에 표시된 눈금선에 맞춰 **수평이** 되도록 슬라이드 값을 조절한 후 [적용]을 터치합니다.

> *Tip*
> 슬라이드 값을 음수(−)로 드래그 하면 왼쪽으로, 양수(+)로 드래그 하면 오른쪽으로 이미지가 회전 되어 수평이 맞춰집니다.

04 콜라주 만들기

01 싸이메라 화면에서 **(콜라주)를 터치한** 다음 [Camera] 화면에서 원하는 사진을 선택한 후 **(확인)을 터치합니다.**

Tip

콜라주 사진은 총 9장까지 삽입할 수 있으며, 선택한 사진 목록에서 (삭제)를 터치하면 선택한 사진을 삭제할 수 있습니다.

02 기본 모양의 콜라주가 완성됩니다. 삽입한 사진을 다른 사진으로 바꾸기 위해 **바꿀 사진을 선택한** 후 **(사진변경)을 터치합니다.** [Camera] 화면에서 **원하는 사진을 다시 선택합니다.**

Tip

(삭제) : 선택한 사진을 삭제하고 새로운 이미지를 추가할 수 있습니다.

03 콜라주 디자인을 변경하기 위해 콜라주 템플릿에서 **원하는 템플릿을 선택합니다.** 배경 테마를 설정하기 위해 █(배경)을 **터치한** 후 배경 테마에서 **'Daily'를 선택합니다.**

Tip
[전체 템플릿]을 터치하면 다양한 종류의 템플릿을 볼 수 있습니다.

04 Daily 테마 목록에서 **'Milky' 테마를 선택합니다.** 이번에는 사진의 모서리를 조절하기 위해 █(테두리)를 **선택한** 다음 **테두리와 모서리의 두께를 적당히 조절**하고 **[적용]을 터치합니다.**

Tip
두께 : 슬라이드를 오른쪽으로 드래그하면 사진과 사진 사이의 간격이 넓어집니다.
모서리 : 슬라이드를 오른쪽으로 드래그하면 사진의 모서리가 둥근 모양으로 만들어집니다.

1. 자르기 기능을 이용하여 필요한 부분만 편집해보세요.

2. 회전 기능을 이용하여 사진을 좌우 반전시켜 보세요.

3. 4장의 사진을 이용하여 다음과 같이 콜라주 사진을 만들어 보세요.

4. 콜라주의 사진을 바꿔보고, 테두리 두께와 모서리 모양을 변경해 보세요.

Section 03 사진 보정하기

자동 보정이나 레벨을 이용하여 사진의 선명도나 밝기를 조절할 수 있습니다. 또한 채도를 조절하여 빈티지 사진이나 흑백 사진을 만들 수도 있습니다.

레벨로 사진 밝게 보정하기

대비와 채도로 흐린 사진 선명하게 보정하기

자동 보정과 레벨로 사진 밝게 보정하기

01 싸이메라 화면에서 **(편집)을 터치합니다.** [Camera] 화면에서 선명하게 보정할 **풍경 사진을 선택합니다.**

02 **(보정)을 터치하여 (자동 보정)을 선택합니다.** 자동 보정 메뉴에서 **(풍경)을 터치하여** 흐릿한 사진이 선명하게 보정되면 **[적용]을 터치합니다.**

> **Tip**
> [Original]을 터치하면 원본 사진과 편집한 사진을 비교할 수 있습니다.

03 📥(다운로드)를 **터치한** 다음 이미지 저장 파일 크기에서 **'원본'을 선택하여** 사진을 저장합니다. 레벨을 이용하여 사진을 보정하기 위해 **[한장 더 편집하기]를 터치합니다.**

04 [Camera] 화면에서 선명하게 **보정할 사진을 선택합니다.** 📊(보정)을 **터치한 다음** 📊(레벨)을 **선택합니다.**

05 레벨의 **슬라이드를 오른쪽(+)으로 드래그하여** 사진의 밝기를 조절합니다. 사진을 좀 더 선명하게 보정하기 위해 ⊞(보정)을 터치한 다음 △(선명하게)를 선택합니다.

06 **슬라이드를 오른쪽(+)으로 드래그하여** 사진의 색상을 조절한 후 **[적용]을 터치합니다.** 흐릿한 사진이 선명하게 보정되면 ⬇(다운로드)를 터치하여 저장합니다.

Tip
선명하게 값을 너무 많이 설정하면 사진이 거칠게 표현되므로 주의합니다.

02 흐린 사진 선명하게 보정하기

01 싸이메라 화면에서 ◎(**편집**)을 **터치합니다.** [Camera] 화면에서 **흐릿하게 촬영된 사진을**
선택합니다.

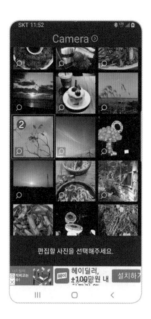

02 ▦(**보정**)을 **터치한** 다음 ▦(**레벨**)을 **선택합니다.** 레벨 값의 **슬라이드를 오른쪽(+)으로**
드래그하여 사진의 밝기를 조절한 다음 [**적용**]을 **터치합니다.**

> *Tip*
> 레벨값은 0~1까지 설정할 수 있
> 으며 값이 클수록 사진이 밝게 보
> 정 됩니다.

03 다시 ▦(보정)을 터치한 다음 ◑(대비)를 선택합니다. 대비 값의 **슬라이드를 오른쪽(+)으로 드래그하여** 색상을 조절한 다음 **[적용]**을 터치합니다.

04 사진의 색을 좀 더 진하게 보정하려면 ▦(보정)을 터치한 다음 ▤(채도)를 선택합니다. 채도 값의 **슬라이드를 오른쪽(+)으로 드래그하여** 채도를 조절한 다음 **[적용]**을 터치합니다.

03 컬러 사진을 흑백 사진으로 만들기

01 싸이메라 화면에서 ✏️(편집)을 터치합니다. [Camera] 화면에서 **흑백으로 바꿀 사진을** 선택합니다.

02 사진의 밝기를 조절하려면 🎚️(보정)을 터치하여 ☀️(밝기)를 선택합니다. 밝기 값의 **슬라이드를 오른쪽(+)으로 드래그하여** 조절한 후 [적용]을 터치합니다.

03 이번에는 을 터치하여 ■(채도)를 선택합니다. 채도 값의 **슬라이드를 왼쪽(-)으로 드래그하여** 흑백 사진을 만든 다음 **[적용]을 터치합니다.**

04 을 터치하여 ◑(대비)를 선택한 다음 대비 값의 **슬라이드를 오른쪽(+)으로 드래그하여** 어두운 곳을 좀 더 어둡게 표현한 다음 **[적용]을 터치합니다.**

1. 자동 보정 기능으로 풍경 사진의 선명도를 보정해 보세요.

2. 레벨 기능을 이용하여 배경 사진의 밝기를 조절해 보세요.

3. 채도와 레벨을 이용하여 컬러 사진을 흑백 사진으로 만들어 보세요.

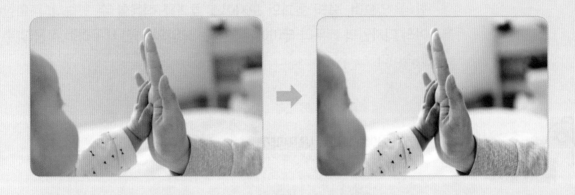

4. 사진을 원하는 크기로 자른 후 대비와 밝기를 이용하여 선명하게 보정해 보세요.

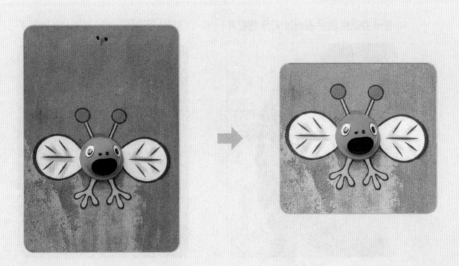

Section 04 사진에 효과주기

다양한 필터를 적용하여 몽환적 느낌이나 세련된 느낌의 사진으로 편집할 수 있으며, 블러 효과와 모자이크 효과를 적용할 수 있습니다. 또한 여러 디자인의 테두리 테마에서 원하는 모양의 사진 테두리를 적용할 수 있습니다.

필터와 라이트 효과로 사진꾸미기

테두리로 사진 꾸미기

블러 효과로 아웃 포커싱 사진 만들기

컬러스플래쉬로 부분 컬러 사진 만들기

필터와 라이트 효과로 사진꾸미기

01 싸이메라 화면에서 ✎(편집)을 터치하여 필터를 적용할 인물 사진을 불러옵니다. ✳(효과)를 터치하여 ▦(필터)를 선택한 다음 'Classic'을 터치합니다.

Tip

필터 목록을 왼쪽으로 드래그하면 다양한 필터를 선택할 수 있습니다.

02 Classic 필터 목록에서 **'Shine'을 터치한** 다음 필터 값을 **'+0.84'로 설정합니다.**

03 [Original]을 **터치**하고 있으면 필터를 적용하기 이전의 원본 사진이 표시됩니다. **[적용]을 터치하여** 필터를 적용합니다.

04 오래된 사진 느낌을 주기 위해 ❊(효과)를 **터치하여** ▦(필터)를 **선택합니다.** 필터 목록에서 'Natural'을 **터치합니다.**

05 Natural 필터 목록에서 **'Silk'**를 **선택한** 다음 **필터 값을 '+0.80'**으로 설정한 후 **[적용]**을 **터치합니다.** 조명 필터를 적용하기 위해 ◈(효과)를 터치하여 ◐(라이트)를 선택합니다.

06 라이트 효과 목록에서 **'Theme'**를 **선택합니다.** Theme 효과에서 **'Solidus'**를 **선택한** 다음 **효과 값을 '0.71'**로 설정한 후 **[적용]**을 **터치합니다.**

02 테두리로 사진 꾸미기

01 싸이메라 화면에서 ◉(편집)을 터치하여 사진을 불러옵니다. 사진의 선명도 설정을 위해 ⊞(보정)을 터치하여 ▥(레벨)을 선택합니다. 레벨 값을 '**+0.19**'로 조절하고 [**적용**]을 터치합니다.

02 테두리를 설정하기 위해 ※(효과)를 터치한 다음 ▣(테두리)를 선택합니다. 테두리 목록에서 '**Handmade**'를 터치한 다음 Handmade 목록에서 '**Happy**'를 선택한 후 [**적용**]을 터치합니다.

모자이크로 얼굴 숨기기

01 싸이메라 화면에서 ✏️(편집)을 터치하여 모자이크 처리할 인물 사진을 불러 옵니다. ✳️(효과)를 **터치하여 ⊞(모자이크)를 선택합니다.** 모자이크 처리할 얼굴 영역을 터치하거나 드래그합니다.

02 ←(되돌리기)를 **터치하면** 모자이크하기 이전의 상태로 되돌아갑니다. 원래대로 되돌리려면 →(원래대로)를 **터치합니다.** 사진의 얼굴을 모자이크 처리한 후 [적용]을 **터치합니다.**

04 블러 효과로 아웃 포커싱 사진 만들기

01 싸이메라 화면에서 ✂️(편집)을 터치하여 블러 효과를 적용할 사진을 불러옵니다. ✳️(효과)를 **터치하여** 💧(블러)를 **선택한** 다음 블러의 중심점을 적당한 위치로 이동시킵니다.

02 손가락 두 개를 이용하여 **두 원 사이의 빈곳을 드래그하여 블러 영역을 설정합니다. 블러 값을 적당히 조절하여** 인물 주위를 흐리게 설정한 후 **[적용]을 터치합니다.**

03 이번에는 테두리를 적용하기 위해 ▓(효과)를 터치하여 ▣(테두리)를 선택한 다음 테두리에서 'Theme'를 터치합니다.

04 Theme 목록에서 'Scan'을 선택한 후 [적용]을 터치합니다. ⤓(다운로드)를 터치한 다음 원하는 사진 크기를 선택하여 저장합니다.

05 컬러스플래쉬로 부분 컬러 사진 만들기

01 싸이메라 화면에서 ⚡(편집)을 **터치한** 다음 [Camera] 화면에서 컬러스플래쉬 효과를 적용할 사진을 불러옵니다.

02 ⚡(효과)를 **터치한** 다음 ✏(컬러스플래쉬)를 **선택합니다.** 컬러스플래쉬 화면에서 화면을 확대하기 위해 👆(손가락)을 **터치합니다.**

> **Tip**
> 컬러스플래쉬는 사진의 특정 부분만 컬러 사진으로 만드는 기능입니다.

03 두 손가락으로 화면을 확대한 다음 ✛(이동)을 터치하여 화면을 고정시킵니다. 브러시 슬라이드를 이용하여 **브러시 크기를 적당히 조절합니다.**

04 브러시 크기를 조절하면서 **컬러로 변경할 부분을 드래그합니다.** 잘못 칠해진 부분은 ◇(지우개)를 **터치하여** 수정할 부분을 드래그합니다.

05 이미지의 다른 곳을 칠하기 위해 ✋(**손가락**)**을 터치한** 다음 화면을 드래그하여 이동시킵니다.
다시 ✛(**이동**)**을 터치하여 화면을 고정시킵니다.**

06 활성화된 ◈(**지우개**)**를 터치하여** 비활성화 시킨 다음 **브러시 크기를 조절하면서** 색칠한 후
[적용]을 터치하면 특정 부분만 컬러로 변경된 것을 확인할 수 있습니다.

Tip 카카오톡에서 다운로드 받은 사진 불러오기

카카오톡에서 다운로드 받은 사진은 갤러리 폴더 안의 'KakaoTalk' 폴더에 저장됩니다.
카카오톡에서 다운로드 받은 사진을 편집하려면, 사진을 불러올 폴더를 'KakaoTalk'으로
변경해야 됩니다.

01] 싸이메라 화면에서 ✎(편집)을
터치합니다. [갤러리] 화면에서
[전체보기]를 터치합니다.

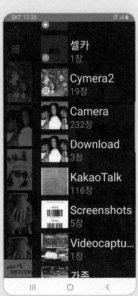

02] 폴더 목록에서 'KakaoTalk'을
터치합니다. 카카오톡에서 다운로드 한
사진을 확인할 수 있으며, 원하는 사진을
선택하여 편집할 수 있습니다.

1. 건물이나 도시 풍경 사진을 불러와 City의 'Paris' 필터를 적용해 보세요.

2. 눈 오는 풍경 사진에 라이트 효과를 적용해 보세요.

3. 인물 사진을 불러와 모자이크 효과를 적용해 보세요.

4. 인물 사진을 블러와 컬러스플래쉬 기능으로 부분 컬러 사진을 만든 다음 Note의 Ink 테두리를 적용해 보세요.

Section 05 사진 꾸미기와 인물보정하기

페이스팝 기능으로 얼굴을 확대해 재미있는 사진을 만들 수 있으며, 사진에 문구를 입력할 수도 있습니다. 뿐만 아니라 미용 기능을 이용하여 얼굴과 몸매를 보정할 수 있습니다.

미리보기

텍스트로 사진 꾸미기

페이스팝과 스티커 삽입하기

밈과 브러시로 사진 꾸미기

01 텍스트로 사진 꾸미기

01 싸이메라 화면에서 ⊞(콜라주)를 터치합니다. [Camera] 화면에서 콜라주 만들 **사진을 여러 장 선택한 후** ✓(확인)을 터치합니다.

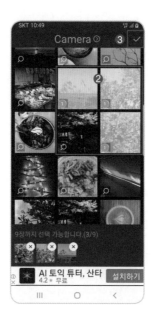

Tip
추가된 사진의 ⊗(삭제)를 터치 하면 해당 사진이 선택 창에서 삭제됩니다.

02 콜라주 템플릿에서 **원하는 모양의 템플릿을 선택**하고 [적용]을 **터치합니다.** 텍스트를 입력하기 위해 ⋈(꾸미기)를 터치한 다음 T(텍스트)를 선택합니다.

03 텍스트 입력란에 **내용을 입력한** 다음 글꼴을 변경하기 위해 📗**(글꼴)을 터치합니다.** 글꼴
목록에서 원하는 글꼴을 터치합니다.

Tip

%(한/영)을 터치하면 영어를 입력할 수 있습니다. ↑를 터치하면 영어 대문자를 입력할 수 있습니다.

04 텍스트 색을 설정하기 위해 ▦**(속성)을 터치하고 '노랑'** 선택합니다. 텍스트에 윤곽선을
설정하기 위해 ▲**(윤곽선)을 터치한** 다음 **'흰색'을 선택합니다.**

05 ■(조정)을 터치한 다음 스타일에서 ■(그림자)와 ■(진하게), **투명도는 '0.80'으로** 설정한 후 사진 부분을 터치하여 편집을 완료합니다.

06 텍스트를 원하는 위치로 이동시킨 후 **크기 조절 화살표(⤡)로 회전시킨** 다음 **[적용]을** 터치합니다. ■(다운로드)를 **터치하여** 원하는 크기로 저장합니다.

> *Tip*
> ⤡ : 텍스트의 크기를 조절하거나
>   회전시킬 수 있습니다.
> ◁▷ : 텍스트를 좌우 대칭 시킵니다.
> ⊗ : 텍스트를 삭제합니다.
> ✎ : 텍스트를 수정할 수 있습니다.

02 페이스팝과 스티커 삽입하기

01 페이스팝 효과를 적용할 사진을 불러옵니다. 페이스팝을 적용하기 위해 ✉(꾸미기)를 터치하여 ☺(페이스팝)을 선택한 다음 확대할 영역을 설정하기 위해 ♀(올가미)를 터치합니다.

02 확대할 **영역을 설정한** 다음 ✔(확인)을 터치합니다. 말풍선을 삽입하기 위해 💬(말풍선)을 터치합니다.

03 삽입된 말풍선의 조절점을 이용하여 **위치를 바꾼 다음 말풍선을 터치합니다.** 말풍선에 표시될 **내용을 입력합니다.**

04 텍스트 색을 설정하기 위해 ▦(속성)을 터치하여 원하는 색을 선택하고, ≝(조정)을 터치하여 스타일에서 ⓑ(진하게)와 ⓘ(기울임)을 설정하고 사진의 빈 공간을 터치합니다.

05 다음과 같이 페이스팝이 완성되면 **[적용]을 터치합니다.** 스티커를 삽입하기 위해 ⬛(**꾸미기**)를 터치하여 🌙(**스티커**)를 선택합니다.

06 스티커 목록에서 ♥(**특수 모양**)을 선택한 다음 **원하는 모양을 터치합니다.** 삽입된 스티커를 원하는 위치로 이동시키고, **[적용]을 터치합니다.**

Tip
⊠ : 스티커를 삭제할 수 있습니다.
◉ : 스티커의 색상이나 투명도를 조절하고, 회전시킬 수 있습니다.
↘ : 스티커 크기를 조절하거나 회전시킬 수 있습니다.

03 밈과 브러시로 사진 꾸미기

01 밈과 브러시로 꾸밀 사진을 불러옵니다. 밈을 삽입하기 위해 ▨**(꾸미기)를 터치하여** ☰**(밈)을 선택합니다.** 밈 메뉴에서 **텍스트 두 개 밈 스타일을 선택한** 다음 **'텍스트1 입력'을 터치합니다.**

02 사진 위에 표시할 **내용을 입력하고** ✓**(확인)**을 터치합니다. 이번에는 **'텍스트2 입력'을** 터치합니다.

03 사진 아래에 표시할 **내용을 입력하고** ✓**(확인)을 터치한** 후 밈이 삽입된 것을 확인한 다음 **[적용]을 터치합니다.**

04 브러시로 포인트를 주기 위해 ▧**(꾸미기)를 터치한 다음** ⛉**(브러쉬)를 선택합니다.** 브러쉬 종류를 선택하기 위해 ⌃**(확장)을 터치합니다.**

05 브러시 종류에서 ■(라인)을 선택합니다. 원하는 색깔의 브러시를 선택한 다음 브러시 슬라이드를 이용하여 브러시 크기를 조절합니다.

06 원하는 모양을 그린 다음 [적용]을 터치합니다. ⬇(다운로드)를 터치하여 원하는 크기로 저장합니다.

1. 콜라주 사진을 만들어 텍스트를 입력해 보세요.

2. 사진에 필터를 적용하고 밈 기능으로 텍스트를 입력해 보세요.

[힌트] Basic - Cloudy 필터

3. 페이스팝을 이용하여 얼굴을 크게 확대해 보세요.

4. 브러시를 이용하여 다음과 같이 사진을 꾸며보세요.

Section 06 인물보정하기

미용 기능을 이용하여 인물 사진의 얼굴을 갸름하게 만들거나, 눈동자를 크게 보정할 수 있을 뿐만 아니라 몸매를 보다 날씬하게 편집할 수 있습니다.

헤어와 눈썹 모양, 눈동자 모양 등을 설정하여 다른 스타일의 인물로 편집할 수 있습니다.

성형하기로 얼짱만들기

메이크업으로 화사하게 보정하기

몸매 보정으로 몸짱 만들기

01 싸이메라 화면에서 🔧(편집)을 터치한 다음 [Camera] 화면에서 전신 사진을 선택합니다.

02 몸매 보정을 하기 위해 😊(미용)을 터치하여 🐱(몸매 보정)을 선택합니다. 키를 늘리기 위해 📏(키늘리기)를 터치합니다.

01 몸매 보정으로 몸짱 만들기

03 가이드 선을 **골반, 무릎, 발끝에 위치시키고,** ■**(확인)을 터치한** 다음 슬라이드를 이용하여 키늘리기 값을 '**+0.54**'로 설정합니다.

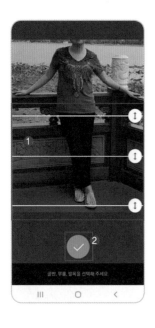 

> **Tip**
> 슬라이드 단추를 왼쪽으로 드래
> 그하면 다리 길이가 짧아집니다.

04 이번에는 허리를 날씬하게 만들기 위해 ■**(개미허리)를 터치합니다.** 가이드 선을 허리에 **위치시킨** 다음 ■**(확인)을 터치합니다.**

05 개미허리 값을 '+1.00'으로 설정하여 허리를 날씬하게 만듭니다. 골반 부분을 조절하기 위해 ▨(힙업)을 터치한 다음 가이드 선을 골반에 위치시키고 ▧(확인)을 터치합니다.

06 힙업 값을 '+0.48'로 설정하고 **[적용]**을 **터치하면** 몸매가 보정됩니다. ▤(다운로드)를 **터치하여** 원하는 사진 크기로 저장합니다.

02 성형하기로 얼짱만들기

01 성형할 얼굴 사진을 불러온 다음 ◉(미용)을 터치하여 ◉(눈 크게)를 선택합니다. 눈 크게 값을 '+0.58'로 설정하고 [적용]을 터치합니다.

02 얼굴 윤곽선을 수정하기 위해 ◉(미용)을 터치하여 ◉(갸름하게)를 선택합니다. 갸름하게 값을 '+0.88'로 설정한 다음 [적용]을 터치합니다.

03 웃는 얼굴을 만들기 위해 ◎(미용)을 터치하여 ◎(스마일)을 선택합니다. 스마일 값을 '+0.80'으로 설정한 다음 [적용]을 터치합니다.

04 얼굴 밝기를 환하게 보정하기 위해 ◎(미용)을 터치하여 ◎(화이트닝)을 선택합니다. 화이트닝 값을 '+0.49'로 설정한 후 [적용]을 터치합니다.

Tip

미용의 ◎(소프트닝)을 조절하면 얼굴을 뽀샤시한 느낌으로 보정 할 수 있습니다.

03 메이크업으로 화사하게 보정하기

01 메이크업할 인물 사진을 불러옵니다. ◉(미용)을 터치하여 ⌒(헤어)를 선택합니다. 짧은 스타일인 'Short Hair'를 선택합니다.

02 Short Hair 목록이 나타나면 **원하는 모양의 헤어 스타일을 선택**한 다음 **크기와 위치를 조절**한 후 **[적용]**을 터치합니다.

> **Tip**
> ◐(설정)을 터치하면 헤어의 색을 변경하거나, 좌우 방향을 변경할 수 있습니다.

03 이번에는 눈 부분을 보정하기 위해 ◎(미용)을 터치하여 ◙(메이크업)을 선택한 다음 'Eye Make'를 터치합니다.

 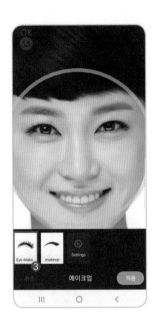

04 Eye Make 목록에서 **원하는 눈썹 모양을 선택**하고 **크기와 위치를 맞춘** 다음 ↷(이전)을 터치합니다. 눈썹 모양을 바꾸기 위해 **'makeup'을 선택합니다.**

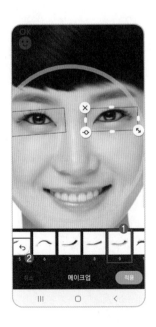 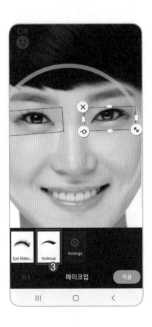

Tip
삽입한 눈썹 모양에서 ⊗(삭제)를 터치하면 눈썹 모양이 삭제된다.

05 눈동자 모양과 볼터치 모양을 선택한 다음 크기와 위치를 맞추고 [적용]을 터치합니다.

 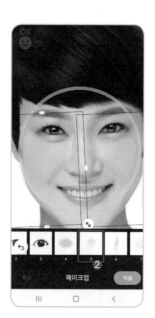

06 사진을 저장하기 위해 ⬇(다운로드)를 터치하여 원하는 사진 크기를 선택합니다.

1] 일상이 특별한 AR 카메라 Snow

2] 뷰티 효과, 감성필터, 셀피 카메라 B612

1. 인물 사진을 불러와 얼굴을 갸름하게 만들어보고, 눈을 크게 보정해 보세요.

2. 다음과 같이 다리가 길어보이게 보정해 보세요.

3. 메이크업 기능을 이용하여 다음과 같이 보정해 보세요.

4. 무표정한 얼굴 사진을 미소짓는 사진으로 바꿔보세요.

Section 07 키네마스터 시작하기

키네마스터 앱을 설치하는 방법과 마법사를 이용하여 간단하게 동영상을 만들고, 내보내기를 통해 카카오톡으로 공유하는 방법을 알아보겠습니다.

01 키네마스터 앱 설치 및 마법사 활용하기

01 앱스 화면에서 ▶(구글 Play 스토어)를 실행하여 **"키네마스터"를 검색합니다.** [키네마스터 설치] 화면에서 **[설치]를 터치한** 다음 앱 설치가 완료되면 **[열기]를 터치합니다.**

02 "KineMaster에서 기기 사진, 미디어, 파일에 접근할 수 있도록 허용하시겠습니까?"를 묻는 화면에서 **[허용]을 터치합니다.**

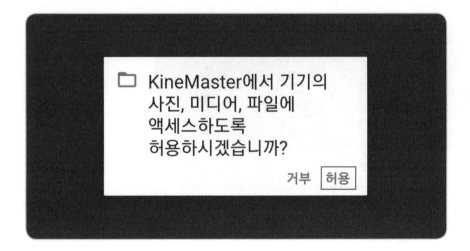

03 키네마스터에 대한 안내 화면이 나타나면 **화면을 왼쪽으로 드래그하여** 넘기면서 내용을 읽어본 후 다음과 같이 시작 화면이 나타나면 **[시작하기]를 터치합니다.**

04 키네마스터 프리미엄 화면에서 ⊗**(닫기)를 터치합니다.**

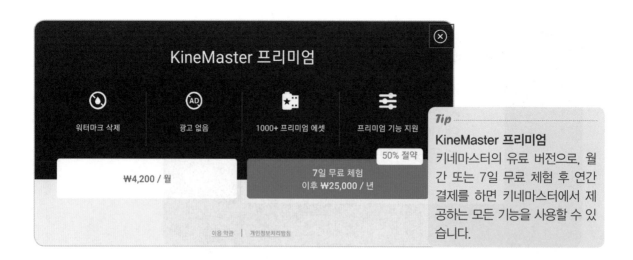

> **Tip**
>
> **KineMaster 프리미엄**
> 키네마스터의 유료 버전으로, 월간 또는 7일 무료 체험 후 연간 결제를 하면 키네마스터에서 제공하는 모든 기능을 사용할 수 있습니다.

02 마법사로 간단한 동영상 만들기

01 앱스 화면에서 (키네마스터)를 **터치하여** 실행합니다. 키네마스터 화면에서 (마법사)를 **터치합니다.**

02 1단계는 동영상 제목을 입력하는 단계로 키패드에서 동영상 제목을 **'봄의 향연'으로 입력한** 후 **[확인]을 터치합니다.**

03 [미디어 브라우저] 화면에서 사진을 선택하기 위해 **[Camera] 폴더를 터치합니다.**

04 [Camera] 폴더에서 사진만 보기 위해 ⋮(더보기)를 터치하여 🖼(이미지)를 선택합니다.

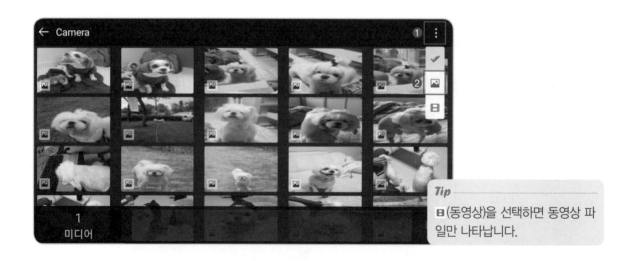

> **Tip**
> ▣(동영상)을 선택하면 동영상 파일만 나타납니다.

05 동영상을 만들 사진을 터치하여 선택합니다. 잘못 선택한 사진을 삭제하기 위해 화면 아래 추가된 사진에서 삭제할 사진을 선택한 다음 **▯(삭제)를 터치합니다.**

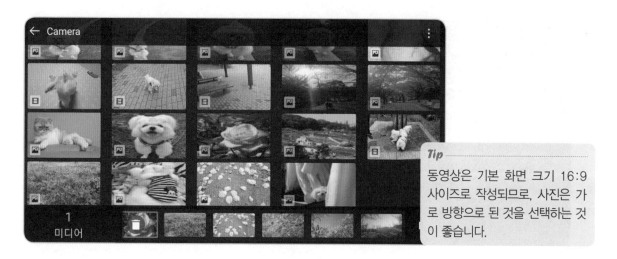

> **Tip**
> 동영상은 기본 화면 크기 16:9 사이즈로 작성되므로, 사진은 가로 방향으로 된 것을 선택하는 것이 좋습니다.

06 위와 같은 방법으로 동영상을 만들 사진을 선택하여 추가한 후 **[다음]을 터치합니다.**

07 2단계 [테마] 화면에서 '여행' 테마를 선택하고 [다음]을 터치합니다.

08 3단계 [T 텍스트] 화면에서 오프닝 내용을 입력하기 위해 **오프닝 입력란을 터치합니다.**

09 첫 번째 사진에 표시할 오프닝 내용을 입력하고 **[다음]**을 터치합니다.

10 동영상 중간에 표시할 내용을 입력하고 **[다음]**을 터치합니다.

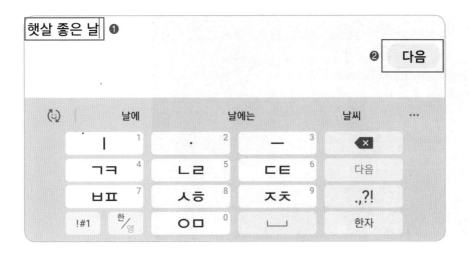

11 마지막 엔딩에 표시할 문구를 입력한 후 [완료]를 터치합니다.

12 다음과 같이 오프닝, 중간, 엔딩에 내용이 모두 입력되었으면 [다음]을 터치합니다.

13 배경 음악을 삽입하기 위해 [배경 오디오] 화면에서 [▒ 음악 에셋]을 터치한 다음 [▩ 음악 받기]를 터치합니다.

14 [KineMaster 에셋 스토어] 화면에서 [음악]을 선택한 다음 배경 음악으로 사용할 'Moon Flower' 음악의 [다운로드]를 터치합니다.

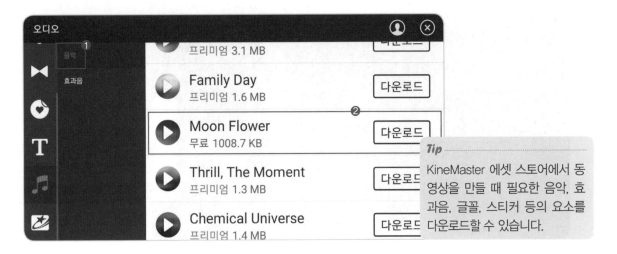

> **Tip**
> KineMaster 에셋 스토어에서 동영상을 만들 때 필요한 음악, 효과음, 글꼴, 스티커 등의 요소를 다운로드할 수 있습니다.

15 선택한 'Moon Flower' 음악이 설치되면 ⊗(닫기)를 터치합니다.

> **Tip**
> ▶(재생)을 터치하면 음악을 미리 들을 수 있습니다.
> ⏹(중지)를 터치하면 미리 듣기가 중지됩니다.

16 [배경 오디오]의 [⊞ 음악 에셋] 목록에서 다운로드 받은 음악의 ⊕(추가)를 터치하고 [다음]을 터치합니다.

> **Tip**
> 음악을 선택하면 배경 오디오 제목줄에 선택한 음악이 표시됩니다. 이때 음악 제목에 표시된 ⊗(취소)를 터치하면 선택이 취소됩니다.

17 다음과 같이 타임라인에 배경 음악이 삽입되면 ☑(확인)을 터치합니다.

18 타임 라인을 왼쪽으로 드래그하여 플레이헤드를 시작 위치로 이동시키고, ▶(재생)을 터치하여 동영상을 감상합니다.

19 미리보기 화면에서 작성한 동영상을 확인할 수 있습니다. 동영상 재생이 끝나면 액션바의 ◀(이전 화면)를 터치합니다.

20 다음과 같이 완성된 동영상이 프로젝트 목록에 표시된 것을 확인할 수 있습니다.

03 동영상 내보내기 및 공유하기

01 키네마스터 시작 화면의 프로젝트 목록에서 내보내기할 **'봄의 향연' 프로젝트를 선택합니다.**

> **Tip**
> 키네마스터에서 편집한 동영상을 카카오톡이나 YouTube 등에 공유하려면 mp4 파일로 인코딩 과정을 거쳐야 됩니다.

02 [프로젝트 관리] 화면에서 ◎(내보내기 및 공유)를 터치합니다.

> **Tip**
> ◎(삭제) : 프로젝트를 삭제합니다.

03 [내보내기 및 공유] 화면에서 **[내보내기]를 터치합니다.**

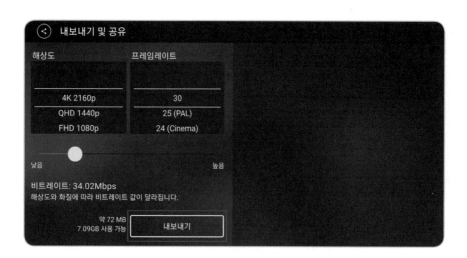

04 [KineMaster 프리미엄] 화면이 나타나면 **[건너뛰기 →]를 터치합니다.**

05 내보내기가 완료되면 ⊙(공유)를 터치합니다. [공유하기] 창에서 ◉(카카오톡)을 선택합니다.

Tip
카카오톡은 300MB가 넘으면 첨부되지 않으므로, 300MB 이하의 동영상만 공유할 수 있습니다.

06 [공유대상 선택] 화면에서 동영상을 **공유할 대상을 선택한** 후 [확인]을 **터치하면** 채팅 창이 열리면서 동영상이 업로드 되는 것을 확인할 수 있습니다.

Tip 키네마스터 화면 구성

❶ 액션 바

❸ 패널

❹ 프로젝트 미리보기

❷ 타임라인

① 액션 바 : 비디오 편집에 필요한 기능인 뒤로, 실행 취소, 다시 실행, 캡처, 공유, 설정, 확장, 점프 등이 있으며, 타임라인에 사진이나 비디오를 선택하면 삭제, 더보기 등의 메뉴가 표시됩니다.

② 타임라인 : 프로젝트에 필요한 사진이나 비디오를 순서대로 배치하여 편집하는 작업 공간입니다.

③ 패널 : 동영상 편집에 필요한 미디어, 레이어, 음성, 오디오 등의 도구를 제공하며, 타임라인에서 삽입된 사진이나 비디오를 선택하면 해당 항목과 관련된 옵션이 표시됩니다.

④ 프로젝트 미리보기 : 프로젝트의 결과를 확인할 수 있습니다.

마이에셋 관리하기

[KineMaster 에셋 스토어]에서 ▣(마이 에셋)을 터치하면 다운로드 받은 ▣(주요 항목), ▣(효과), ▣(전환 효과), ▣(오버레이), ▣(글꼴), ▣(음악), ▣(테마) 등을 확인할 수 있으며, 사용하지 않는 에셋은 [삭제]를 터치하여 지울 수 있습니다. 삭제한 에셋을 삽입한 동영상에는 해당 에셋이 정상적으로 표시되지 않으니 주의합니다.

플레이헤드 이동하기

액션바에서 ▐▶(다음 지점으로)를 2초 이상 누르면 플레이헤드를 이동할 수 있는 메뉴가 나타납니다.

▐▶(다음 지점으로) : 타임라인에서 플레이헤드를 다음 프레임의 시작 위치로 이동합니다.
◀▐(이전 지점으로) : 타임라인에서 플레이헤드를 이전 프레임의 시작 위치로 이동합니다.
◀(타임라인 맨 앞으로) : 타임라인에서 플레이헤드를 맨 앞으로 이동합니다.
▶(타임라인 맨 뒤로) : 타임라인에서 플레이헤드를 맨 뒤로 이동합니다.

타임라인 확장하기

액션바에서 ▤(확장)을 터치하면 타임라인을 확대 또는 축소 시킬 수 있습니다.

혼자해보기

1. 마법사의 '스테이지'를 적용해서 동영상을 만들어보세요.

2. 완성된 동영상을 [내보내기]하여 본인의 카카오톡으로 공유해 보세요.

3. 키네마스터 에셋 스토어에서 다음과 같이 한글 글꼴을 다운로드 받아 설치해보세요.

4. 마이 에셋에서 다음과 같이 무료 음악을 다운로드 받아 설치, 삭제해보세요.

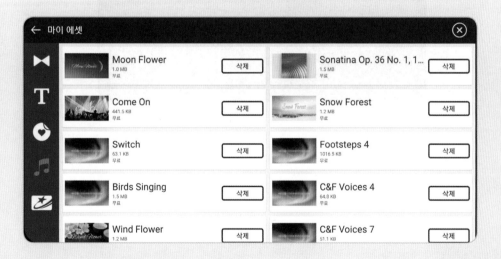

Section 08

사진으로 동영상 만들기

프로젝트 화면 크기와 설정을 변경해보고, 타임라인에 사진을 추가, 삭제, 이동하는 방법과 배경 음악을 삽입하는 방법을 알아보겠습니다.

미리보기

01 프로젝트 설정하기

01 키네마스터를 실행한 다음 🎬(새 **프로젝트**)를 터치합니다.

02 [프로젝트 화면 비율] 선택 화면에서 '**16:9**'를 터치합니다.

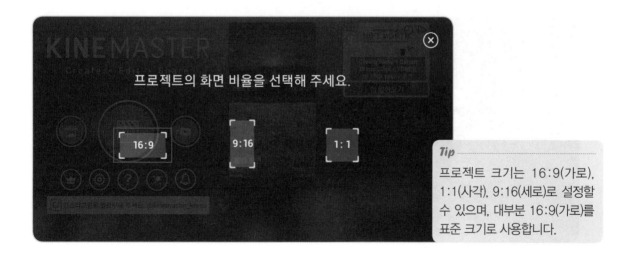

> **Tip**
> 프로젝트 크기는 16:9(가로), 1:1(사각), 9:16(세로)로 설정할 수 있으며, 대부분 16:9(가로)를 표준 크기로 사용합니다.

03 사진 클립 시간과 오디오 파일의 시작 부분을 조절하기 위해 액션 바에서 ◎(설정)을 터치합니다.

04 [프로젝트 설정] 화면의 [오디오]에서 **오디오 페이드인 단추를 터치하여** 활성화시킨 다음 시간을 '**0.50**'**초에 맞춥니다.**

Tip
오디오 페이드 인 : 음악이 시작되고 0.5초까지 서서히 커지는 효과가 적용됩니다.

05 같은 방법으로 **오디오 페이드 아웃 단추를 터치하여** 활성화시킨 후 시간을 '**2.50**'초에 **맞춥니다.**

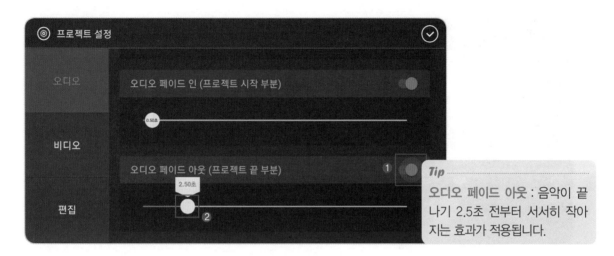

오디오 페이드 아웃 : 음악이 끝나기 2.5초 전부터 서서히 작아지는 효과가 적용됩니다.

06 [프로젝트 설정] 화면의 **[편집]을 터치합니다.** [편집] 화면의 사진 클립 길이의 초기 설정 시간을 '**4**'**초에 맞춘** 다음 (확인)을 **터치합니다.**

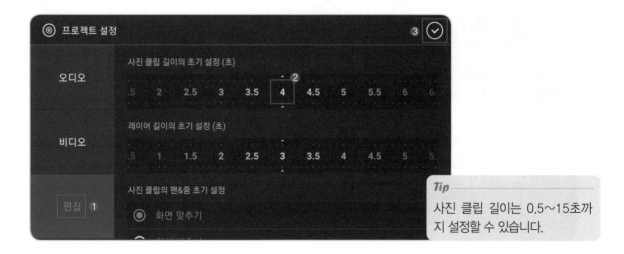

사진 클립 길이는 0.5~15초까지 설정할 수 있습니다.

02 사진 삭제 및 이동하기

01 [미디어 브라우저] 화면에서 [Camera] 폴더를 터치합니다.

02 ▦(더보기)를 터치하여 ▩(사진)를 선택합니다. 여러 장의 사진을 선택한 다음 ☑(확인)을 터치합니다.

> **Tip**
> 폴더에서 ▦(더보기)-▩(사진)을 선택하면 카메라 폴더에서 사진만 표시됩니다.

03 타임라인에 잘못 삽입한 사진을 삭제하기 위해 **삭제할 사진을 선택한** 다음 액션 바에서
🗑(삭제)를 터치합니다.

> **Tip**
> 🔄(실행 취소) : 마지막으로 수행
> 된 작업을 취소합니다.
> 🔄(다시 실행) : 마지막으로 취소
> 한 작업을 다시 실행합니다.

04 이번에는 사진 순서를 바꾸기 위해 **이동할 사진을 2초간 길게 누른** 후 손 끝에 진동이 울리면
원하는 위치로 드래그합니다.

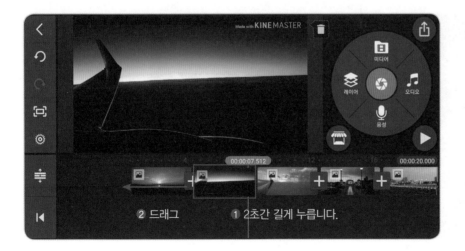

03 배경음악 삽입하기

01 배경음악을 삽입하기 위해 타임라인을 왼쪽으로 드래그하여 플레이헤드를 시작 위치로 이동합니다.

> **Tip**
>
> **점프**
> 점프를 2초 이상 길게 누르면 플레이헤드를 이동할 수 있는 메뉴가 나타납니다.

02 [미디어 패널]에서 🎵(오디오)를 터치합니다.

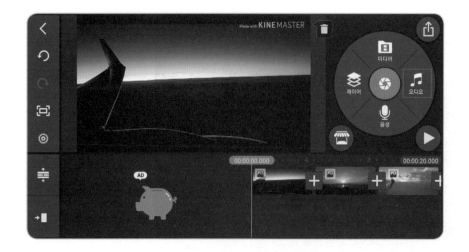

03 [오디오 브라우저] 화면에서 **[음악 에셋]을 터치하여** 다운로드 받은 음악을 선택하고 ⊕**(추가)를 터치한** 다음 ⊘**(확인)을 터치합니다.**

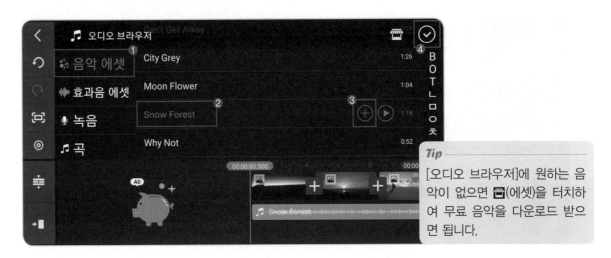

Tip
[오디오 브라우저]에 원하는 음악이 없으면 🏪(에셋)을 터치하여 무료 음악을 다운로드 받으면 됩니다.

04 미디어 패널에서 ▶**(재생)을 터치하면** 미리보기 화면에 사진이 4초 보여지고, 배경 음악 시작 부분이 서서히 커지고, 끝 부분이 서서히 작아지는 것을 확인할 수 있습니다.

04 음악 자르기

01 배경 음악의 일부분을 자르기 위해 타임라인에서 삽입된 **배경 음악 레이어를 선택한** 다음 옵션 패널에서 [✂ 트림/분할]을 터치합니다.

02 타임라인을 이동하여 플레이헤드를 자르고자 하는 위치에 맞춘 다음 [📷 **플레이헤드의 왼쪽을 트림**]을 선택합니다.

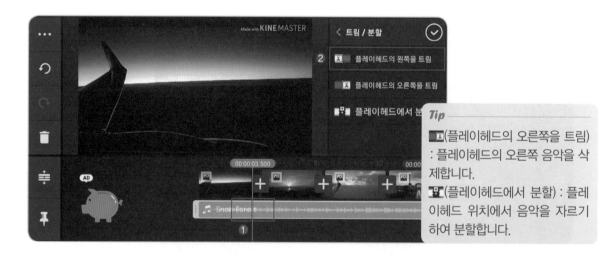

> **Tip**
> 📷(플레이헤드의 오른쪽을 트림)
> : 플레이헤드의 오른쪽 음악을 삭제합니다.
> 📷(플레이헤드에서 분할) : 플레이헤드 위치에서 음악을 자르기하여 분할합니다.

03 플레이헤드의 왼쪽 음악이 삭제된 것을 확인할 수 있습니다. 음악 레이어를 2초이상 길게 눌러 진동이 울리면 **동영상 시작 부분으로 드래그하여** 이동합니다.

04 플레이헤드를 시작 위치로 이동한 후 ▶(재생)을 터치하면 음악이 중간 부분부터 시작하는 것을 확인할 수 있습니다.

1. 다음 조건에 따라 프로젝트 설정을 변경하고, 10장의 사진을 추가해보세요.

[조건] 프로젝트 크기 : 1:1
사진 클립 길이의 초기 설정(초) : 3.5초
오디오 페이드 인, 오디오 페이드 아웃 : 2초

2. 타임라인에서 사진의 순서를 변경해보고, 3장의 사진을 삭제해보세요.

3. 음악 에셋 스토어에서 'Old Town' 음악을 다운받아 배경 음악으로 삽입해보세요.

4. 트림/분할을 이용하여 음악의 원하는 부분만 재생되도록 잘라보세요.

Section 09 클립 그래픽과 장면 전환하기

이미지에 클립 그래픽을 설정하여 다양한 텍스트와 애니메이션을 삽입할 수 있으며, 필터를 적용하여 흑백 이미지로 만들 수도 있습니다. 또한 역동적인 장면전환 효과를 적용하여 다이나믹한 슬라이드 쇼를 만들 수 있습니다.

미리보기

01 클립 그래픽으로 인트로 만들기

01 키네마스터 앱을 실행하여 9:16 화면 비율을 열어 원하는 사진을 다음과 같이 타임라인에
담습니다.

02 타임라인에서 첫 번째 사진을 선택한 다음 옵션 패널에서 [⚡클립 그래픽]을 **터치합니다.**

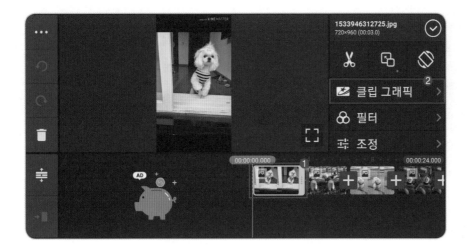

03 [클립 그래픽] 옵션 패널에서 **[기본 타이틀 효과]**를 터치하고 **[모던]**을 선택합니다.

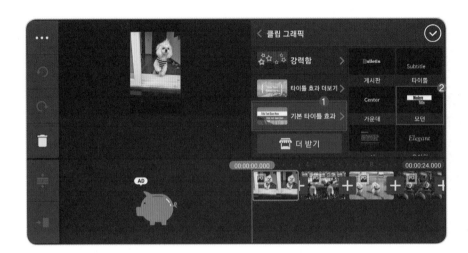

04 모던 효과의 **첫째 줄 텍스트 상자를** 터치합니다.

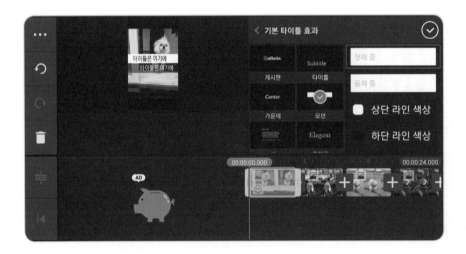

05 상단에 표시할 내용을 입력한 다음 폰트를 설정하기 위해 🅐(폰트)를 터치합니다.

06 [폰트] 화면에서 [한국어]를 터치한 다음 'Netmarble B'를 선택한 후 ◉(확인)을 터치합니다.

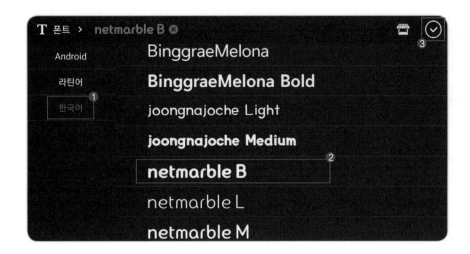

07 폰트가 Netmarble B로 적용되면 **[확인]을 터치합니다.**

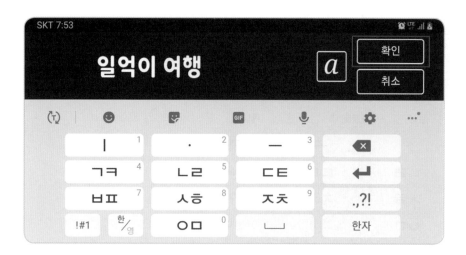

08 하단에 표시할 내용을 입력하기 위해 둘째 줄 텍스트 상자를 터치합니다.

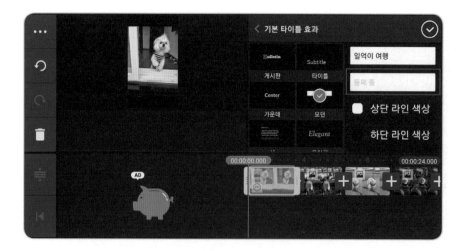

09 하단 내용을 입력한 다음 **[확인]**을 터치합니다.

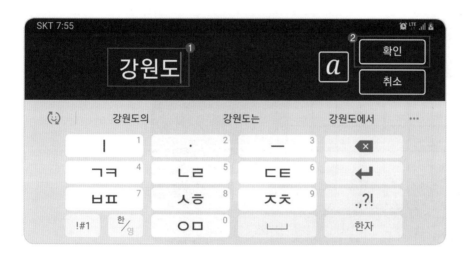

10 상단 라인 색상을 변경하기 위해 **[상단 라인 색상]**을 터치합니다.

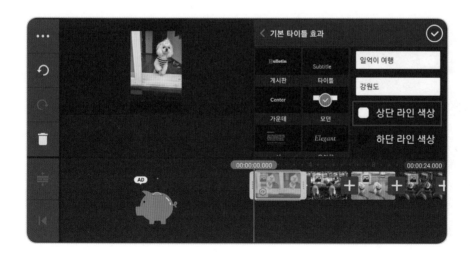

11 색상 화면에서 **원하는 색을 선택**하고 ◉(확인)을 터치합니다.

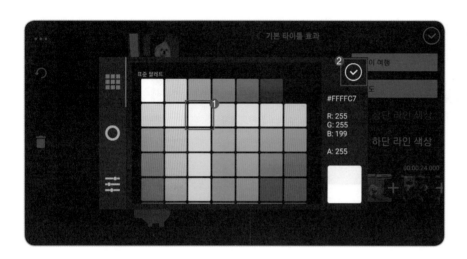

12 미리보기 화면에서 모던 타이틀 효과를 확인한 후 ◉(확인)을 터치합니다.

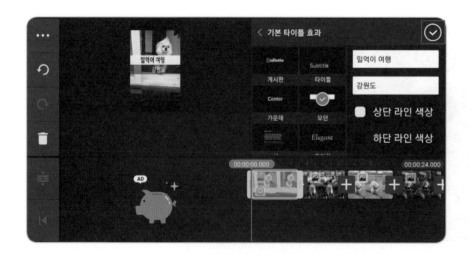

02 필터와 비네트 효과 설정하기

01 타임라인 빈 곳을 선택한 다음 **타임라인을 오른쪽으로 드래그하여** 플레이헤드를 타임라인 맨 뒤로 이동시킵니다.

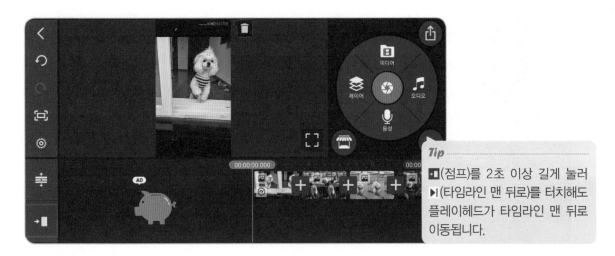

> **Tip**
> ▮(점프)를 2초 이상 길게 눌러
> ▶▮(타임라인 맨 뒤로)를 터치해도
> 플레이헤드가 타임라인 맨 뒤로
> 이동됩니다.

02 타임라인에서 마지막 사진을 선택한 다음 옵션 패널에서 **[⊕ 필터]를 선택합니다.**

03 [필터] 옵션 패널에서 흑백 효과를 적용하기 위해 **[기본]의 'B18' 효과를 선택하고** 필터 값을 조절한 후 **[〈필터]를 터치하여** 이전 화면으로 되돌아갑니다.

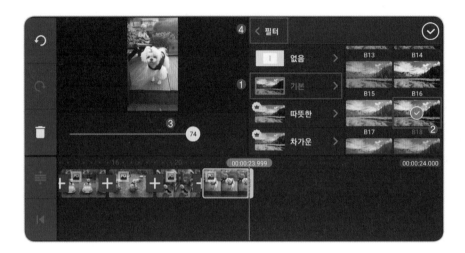

04 이번에는 **[🔳 비네트]를 터치하여** 이미지 테두리 부분을 어둡게 만들고 ✅**(확인)을 터치합니다.**

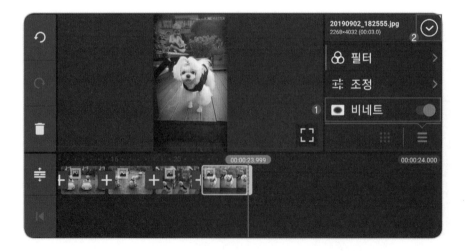

03 다양한 장면 전환하기

01 첫 번째 이미지와 두 번째 이미지 사이의 **장면 전환을 터치한** 다음 [장면전환] 옵션 패널에서 **[재미있는 장면전환 효과]를 선택합니다.**

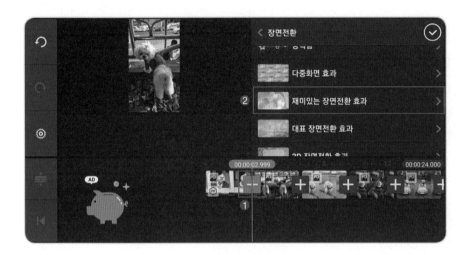

02 [재미있는 장면전환] 옵션 패널에서 **'물방울'을 선택하고**, 물방을 장면전환의 시간을 **'1.5'초로 설정합니다.**

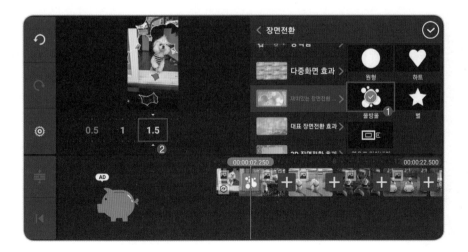

03 같은 방법으로 사진과 사진 사이의 장면전환을 터치하여 다양한 장면전환 효과를 적용한 후 ⊘(확인)을 터치합니다.

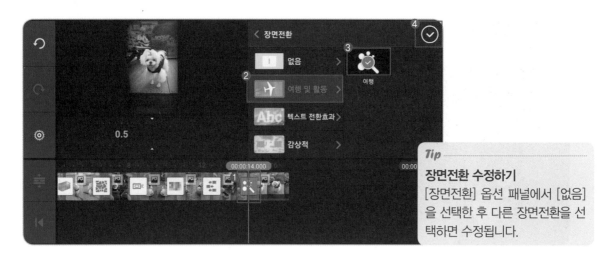

> **Tip**
>
> **장면전환 수정하기**
> [장면전환] 옵션 패널에서 [없음]을 선택한 후 다른 장면전환을 선택하면 수정됩니다.

04 플레이헤드를 시작 위치로 이동한 다음 미디어 패널에서 ▶(재생)을 **터치하면** 다음과 같이 동영상이 재생됩니다.

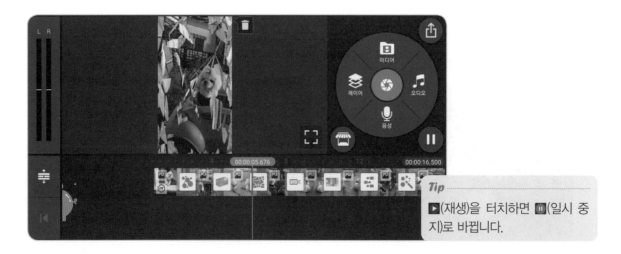

> **Tip**
>
> ▶(재생)을 터치하면 ⏸(일시 중지)로 바뀝니다.

Tip ## 프로젝트 이름 바꾸기

① 키네마스터 시작화면의 프로젝트 목록에서 이름을 변경할 프로젝트를 선택합니다.

② 프로젝트 관리 화면에서 [제목 없음 2]를 터치합니다.

③ 프로젝트 이름을 입력한 다음 [확인]을 터치합니다.

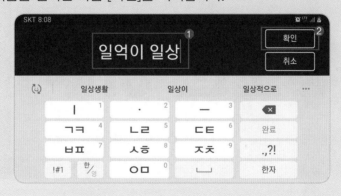

1. 다음과 같이 저장되어 있는 동영상을 불러와 '대본' 타이틀 효과를 적용해 보세요.

[조건] 대본 타이틀 : 클립그래픽 → 타이틀 효과 더보기 → 대본
       글꼴 : 양진체

2. 다음과 같이 빛바랜 사진처럼 표현해보세요.

[조건] 필터-기본-B20

3. 에셋 스토어에서 '뉴트로: 글리치' 클립 그래픽을 다운로드 받아 동영상을 만들어 보세요.

[힌트] 에셋 스토어에서 ▨(클립 그래픽)-[레트로]

4. 배경 음악을 삽입하고, 다양한 장면 전환 효과를 적용해 보세요.

Section 10 비디오 편집하기와 속도 조절하기

트림/분할 기능으로 비디오 파일을 분할하거나 불필요한 영역을 삭제할 수 있으며, 비디오의 재생 속도를 최저 0.25배속부터 16배속까지 설정할 수 있습니다.

01 트림으로 비디오 자르기

01 키네마스터를 실행한 다음 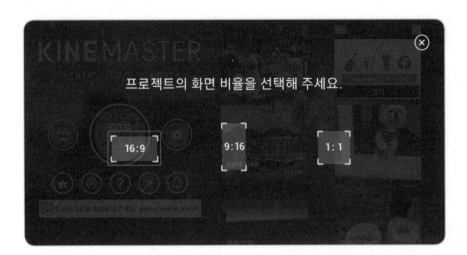(새 프로젝트)를 터치하고 [프로젝트 화면 비율] 선택 화면에서 '16:9'를 선택합니다.

02 [미디어 브라우저] 화면에서 **[Camera] 폴더를 터치합니다.**

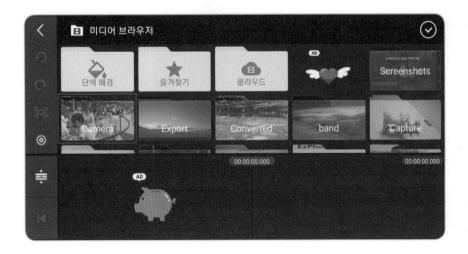

03 [Camera] 폴더에서 **⋮**(더보기)를 터치하여 **田**(비디오)를 선택합니다. 편집할 비디오를 선택한 다음 **⊘**(확인)을 터치합니다.

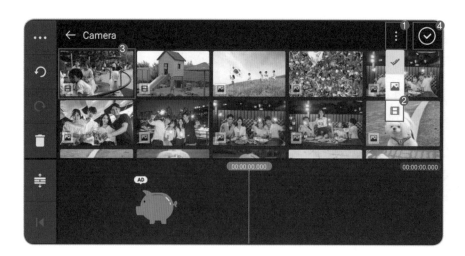

04 동영상을 두 개로 분할하기 위해 플레이헤드를 분할할 위치로 이동합니다. 타임라인에서 **비디오 레이어를 선택한** 다음 패널에서 **✂**(트림/분할)을 터치합니다.

05 [트림/분할] 패널에서 [🎬 플레이헤드에서 분할]을 터치합니다.

06 다음과 같이 비디오 레이어가 두 개로 분할됩니다. 특정 영역을 삭제하기 위해 삭제할 위치로 플레이헤드를 이동한 다음 [🎬 플레이헤드의 왼쪽을 트림]을 터치합니다.

07 분할된 비디오 레이어를 2초간 누르고 있으면 손끝에 진동이 울립니다. 이때 타임라인 맨 앞으로 드래그하여 비디오 순서를 바꿉니다.

08 비디오 레이어의 순서가 바뀐 것을 확인할 수 있습니다.

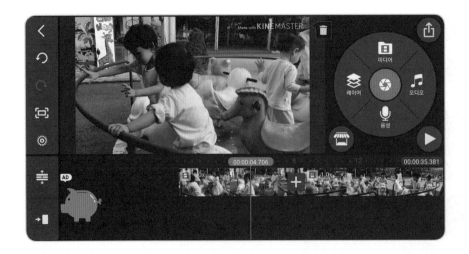

02 비디오 레이어 복제하기

01 삽입한 비디오 레이어를 복제하려면 타임라인에서 첫 번째 비디오 레이어를 선택한 다음 액션바의 ⋯(더보기)를 터치하고 [🗇 Duplicate as Layer]를 터치합니다.

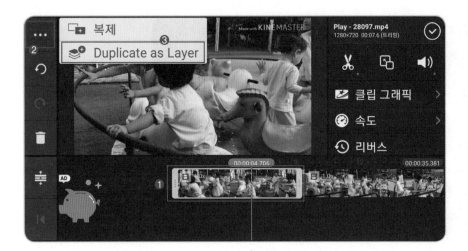

02 복제된 레이어의 모양을 변경하기 위해 타임라인에서 **복제된 레이어를 선택한** 다음 [옵션] 패널에서 🔲(크롭)을 터치합니다.

03 [크롭] 패널에서 **[마스크]를 터치하여** 활성화시킨 다음 ☐**(모양)을 터치합니다.**

04 [모양] 패널에서 **원을 선택한** 후 **[〈모양]을 터치하여** 이전 화면으로 되돌아갑니다.

05 테두리를 자연스럽게 조절하기 위해 **페더 값을 '50'으로 설정한** 다음 ⊙(확인)을 터치합니다.

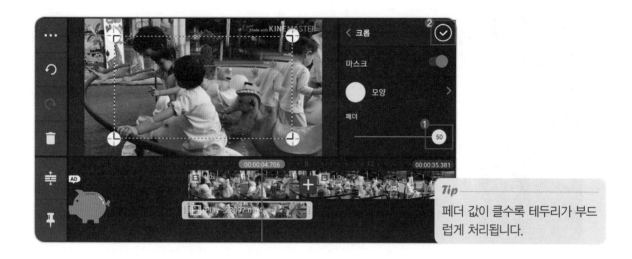

> **Tip**
> 페더 값이 클수록 테두리가 부드
> 럽게 처리됩니다.

06 타임라인에서 복제된 레이어의 위치를 다음과 같이 이동합니다. 미리보기 화면에서 삽입된 레이어의 크기를 적당히 조절한 다음 원하는 위치로 이동합니다.

03 비디오 속도 조절하기

01 타임라인에서 **두번째 비디오 레이어를 선택한** 다음 옵션 패널에서 **[🕐 속도]**를 터치합니다.

Tip
리버스
동영상을 거꾸로 돌리는 기능입
니다.

02 [속도] 옵션 패널에서 비디오 속도를 **'3.5'로 선택**하고 **'음소거'를 터치하여** 비활성화시킨 다음
⊘**(확인)**을 터치합니다.

Tip
비디오 속도는 최저 0.25부터
최대 16배속까지 설정할 수 있
습니다.

03 동영상 내보내기를 하기 위해 ⬆️(나가기)를 터치합니다.

04 [내보내기 및 공유] 화면에서 **[내보내기]**를 터치합니다.

05 [키네마스터 프리미엄] 화면에 나타나면 **[건너뛰기→]를 터치합니다.**

06 내보내기가 완료되면 결과를 확인하기 위해 ▶(재생)을 터치합니다.

07 완성한 비디오를 재생하기 위한 ▶[비디오 플레이어]를 선택합니다.

08 화면 아래 원 모양에 크롭으로 삽입한 비디오가 보이면서, 비디오 파일이 3.5 배속으로 빠르게 재생되는 것을 확인할 수 있습니다.

1. 비디오 파일의 특정 영역을 분할하여 삭제해 보세요.

2. 비디오 파일을 불러와 속도를 2배속으로 설정하고, 음소거해 보세요.

3. 비디오 파일의 속도를 0.5배속으로 설정해 보세요.

4. 리버스 기능을 이용하여 거꾸로 가는 동영상을 만들어 보세요.

[힌트] 타임라인에서 비디오 레이어를 선택한 다음 [리버스] 터치

Section 11

텍스트와 오버레이 삽입하기

텍스트에 윤곽선, 그림자, 글로우 효과뿐만 아니라 다양한 애니메이션을 설정할 수 있습니다. 에셋 스토어에서 특색 있는 오버레이를 다운로드 받아 동영상 화면을 멋지게 꾸밀 수 있습니다.

01 타이핑되는 글씨 만들기

01 키네마스터를 실행한 다음 🔳(새 프로젝트)를 터치하고 [프로젝트 화면 비율] 선택 화면에서 '16:9'를 선택합니다.

02 단색 배경을 삽입하기 위해 [미디어 브라우저] 화면에서 [단색 배경]을 터치합니다.

03 단색 배경 화면에서 '**검정**' 배경을 선택하고 ◉(확인)을 터치합니다.

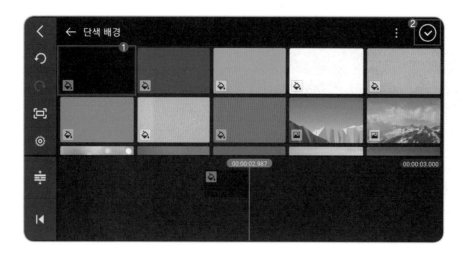

04 타임라인에 삽입된 단색 배경 레이어를 선택한 다음 시간을 적당히 조절하고 타임라인 빈곳을 터치합니다.

05 텍스트를 삽입하기 위해 플레이헤드를 타임라인 맨 앞으로 이동시킵니다. 미디어 패널에서
▒(레이어)를 터치하여 T(텍스트)를 선택합니다.

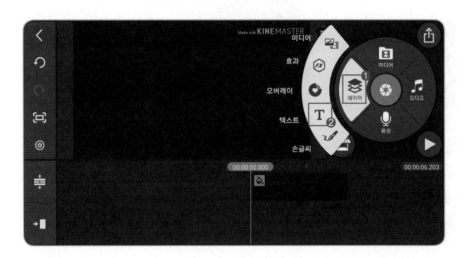

06 텍스트 입력란에 **"새해 복 많이 받으세요!"를 입력하고 [확인]을 터치합니다.**

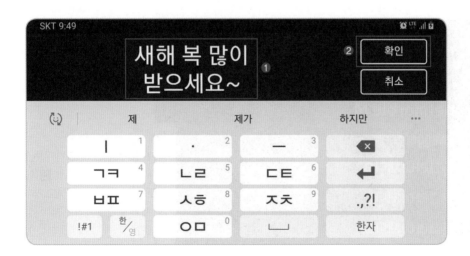

07 텍스트의 크기를 조절한 다음 화면 왼쪽으로 텍스트를 이동시킵니다. 타임라인에서 텍스트 레이어의 시간을 단색 배경 레이어 길이에 맞추고 옵션 패널에서 **Aa(폰트)를 터치합니다.**

> **Tip**
> ⟳(회전) 아이콘을 드래그하여 텍스트를 원하는 각도로 회전시킬 수 있습니다.

08 [T 폰트] 화면에서 **'한국어'를** 선택한 다음 **'동그라미재단B' 폰트를** 선택하고 ⊘(확인)을 터치합니다.

> **Tip**
> 동그라미재단B 폰트가 없는 경우 [T 폰트] 화면에서 🏪(에셋 스토어)를 터치하여 '동그라미재단 서체'를 다운로드 받아 설치하세요.

09 텍스트가 한 글자씩 입력되는 애니메이션을 설정하기 위해 옵션 패널에서 ◐(인 애니메이션)을 터치합니다.

> **Tip**
> ◐(인 애니메이션) : 개체가 처음에는 안 보이다가 나타납니다.
> ➡(애니메이션) : 개체가 위치한 자리에서 애니메이션 효과가 나타납니다.
> ◐(아웃 애니메이션) : 개체가 처음에만 보이다가 사라집니다.

10 [인 애니메이션] 옵션 패널에서 **'타이핑'을 선택하고** 시간을 **'2'초로 지정한** 다음 ◉(확인)을 터치합니다.

02 텍스트 예쁘게 꾸미기

01 타임라인에서 **텍스트 레이어를 선택한** 다음 글자 색을 설정하기 위해 옵션 패널에서 ☐(색)을 터치합니다.

02 색 화면에서 **보라색 계열 색을 선택**하고 ◉(확인)을 터치합니다.

03 이번에는 텍스트 윤곽선을 설정하기 위해 [옵션] 패널에서 [🆃 윤곽선]을 터치합니다.

04 윤곽선 옵션 패널에서 [Enable]를 터치하여 활성화시킨 다음 ■(색)을 터치합니다.

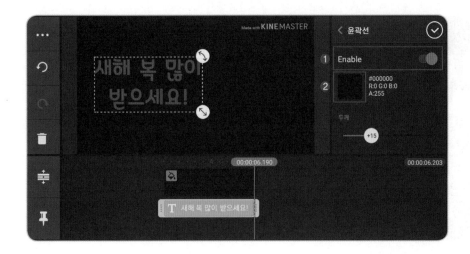

05 윤곽선 색 화면에서 '흰색'을 선택하고 ◎(확인)을 터치합니다.

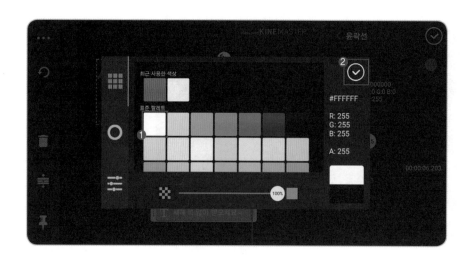

06 윤곽선 두께를 '20'으로 설정한 후 [〈윤곽선]을 터치하여 이전 화면으로 이동합니다.

07 자간을 조절하기 위해 타임라인에서 **텍스트 레이어를 선택한** 다음 [옵션] 패널에서 [ᄐᄐ **텍스트 옵션]을 터치합니다.**

08 글자 사이의 간격을 조절하기 위해 자간은 '**15**'로, 줄 사이 간격을 넓이기 위해 행간을 '**5**'로 설정한 후 ◎(**확인**)을 터치합니다.

> **Tip**
> 자간 : 글자와 글자 사이의 간격으로 −50~50까지 설정할 수 있습니다. 값을 많이 줄수록 글자와 글자 사이의 간격이 넓어집니다.
> 행간 : 줄과 줄 사이의 간격으로 −50~50까지 설정할 수 있습니다. 값을 많이 줄수록 줄과 줄 사이 간격이 넓어집니다.

Tip 3D 텍스트 만들기

① 텍스트 옵션 패널에서 [그림자]를 선택합니다.

② [그림자] 옵션 패널에서 'Enable'을 터치하여 활성화시킵니다. 그림자 색을 글꼴 색보다 옅은 색으로 지정하고 거리는 '10'으로 설정합니다.

③ 각도는 +185, 퍼짐은 +20, 크기는 0으로 설정합니다.

03 오버레이 삽입하기

01 타임라인을 드래그하여 플레이헤드를 적당한 시간으로 이동한 다음 미디어 패널에서 ☷(레이어)를 터치한 다음 ◐(오버레이)를 선택합니다.

02 키네마스터 에셋에서 오버레이를 다운받기 위해 오버레이 옵션 패널에서 [🏪 더받기]를 터치합니다.

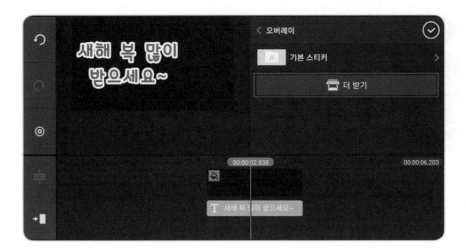

03 [KineMaster 에셋 스토어]의 [애니메이션]에서 '**HAPPY NEW YEAR 2020**' 오버레이를 선택합니다.

04 '**HAPPY NEW YEAR 2020**' 오버레이 에셋 스토어 화면에서 [**다운로드**]를 터치합니다.

05 선택한 오버레이가 설치되면 ⊗(닫기)를 터치합니다.

06 오버레이 옵션 패널에서 다운로드 받은 'HAPPY NEW YEAR 2020' 오버레이를 터치합니다.

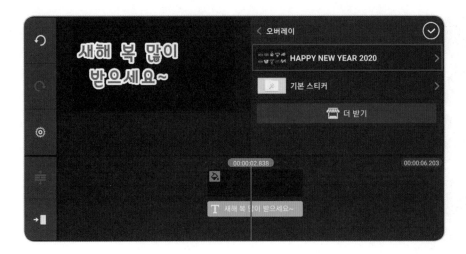

07 [오버레이] 옵션 패널에서 **원하는 애니메이션을 선택한** 다음 ◎(확인)을 터치합니다.

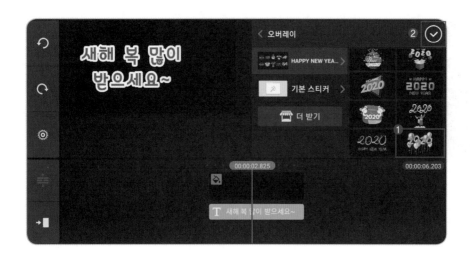

08 타임라인에서 **삽입된 오버레이를 선택한** 다음 **위치와 크기를 조절하고** 타임라인의 시간을 배경 시간에 맞게 조절합니다. 옵션 패널에서 ☰(애니메이션)을 터치합니다.

09 [애니메이션] 옵션 패널에서 **'댄싱'을 선택**하고 ◎**(확인)을 터치합니다.**

10 플레이헤드를 시작 위치로 이동시킨 다음 미디어 패널에서 ▶**(재생)을 터치하여 결과를 확인합니다.**

1. 다음과 같이 "MERRY CHRISTMAS"라는 텍스트가 모아서 나타나는 동영상을 만들어 보세요.

[조건] 글꼴 : KineMaster 에셋 스토어-디스플레이-Broshk
자간 : 10 / 행간 : -10
애니메이션 : 모아서 나타나기

2. 키네마스터 에셋 스토어에서 메리 크리스마스! 스티커를 다운로드 받아 동영상에 추가해 보세요.

[조건] 스티커 : KineMaster 에셋 스토어-스티커-메리 크리스마스!
눈사람 애니메이션 : 회전
배경음악 : Birthday

3. 다음과 같이 사진에 자막을 넣어 생일 축하 동영상을 만들어 보세요.

[조건] 배경음악 : Old Town
글꼴 : 양진체

4. 키네마스터 에셋에서 애니메이션과 스티커를 다운로드 받아 다음과 같이 꾸며보
세요.

[조건] KineMaster 에셋 스토어 – 스티커 : 캘리그라피(한국어)
– 애니메이션 : 벚꽃2

Section 12

움직이는 텍스트 만들기

키 애니메이션을 이용하여 삽입한 텍스트나 사진, 스티커 등을 원하는
방향에서 자유롭게 나타나거나 움직이게 만들 수 있습니다.

미리보기

01 네온 텍스트 만들기

01 키네마스터를 실행한 다음 (새 프로젝트)를 터치하고 [프로젝트 화면 비율]에서 '**16:9**'를 선택합니다.

02 단색 배경을 삽입하기 위해 [미디어 브라우저] 화면에서 **[단색 배경]을 터치합니다.**

03 [단색 배경] 화면에서 **'검정'** 배경을 선택하고 ⊘(확인)을 터치합니다.

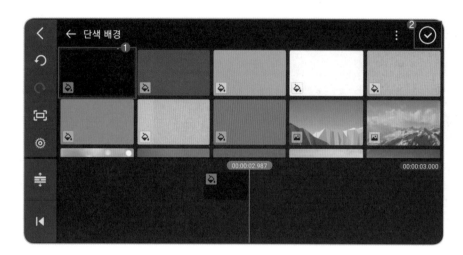

04 타임라인에 삽입된 단색 배경 레이어를 선택한 다음 **프레임 시간을 조절한** 후 ⊘(확인)을 터치합니다.

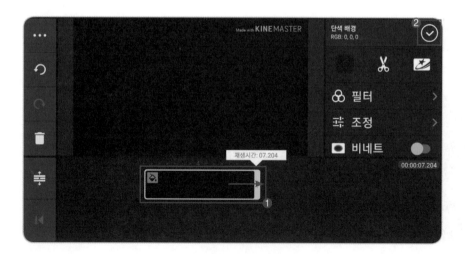

05 플레이헤드를 시작 위치로 이동시킨 다음 [미디어] 패널에서 [🗐 레이어]를 터치하여 [T 텍스트]를 선택합니다.

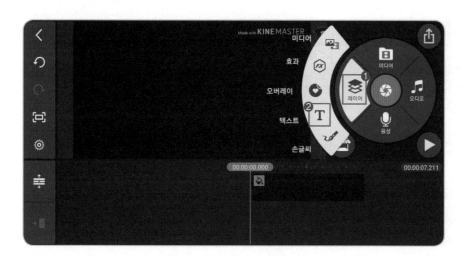

06 텍스트 입력란에 "**오래오래 함께 해주세요.**"를 **입력**하고 [확인]을 터치합니다.

07 삽입된 텍스트의 **크기를 적당히 조절하고, 화면 위로 드래그하여** 이동시킨 후 [옵션] 패널에서 **Aa(폰트)를** 터치합니다.

08 [T 폰트] 화면에서 '**YiSunShin DotumB**'를 **선택**하고 ⊙(확인)을 **터치합니다.**

> **Tip**
> 🏪(에셋 스토어)에서 다양한 폰트를 다운로드 받아 사용할 수 있습니다.

09 네온 효과를 주기 위해 [옵션] 패널에서 **[T 글로우]를 터치합니다.**

10 **[Enable]를 터치하여** 활성화 시킨 다음 글로우 색을 지정하기 위해 **□(색)을 터치합니다.**

11 색 화면에서 **보라색 계열을 선택**하고 ◎(확인)을 터치합니다.

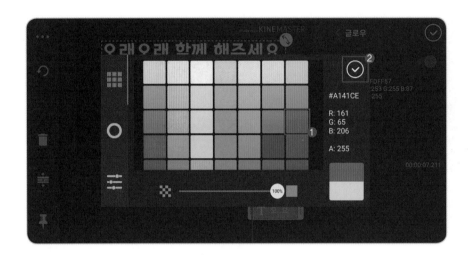

12 [글로우] 패널에서 **퍼짐은 '25' 크기는 '40'**으로 설정한 후 ◎(확인)을 터치합니다.

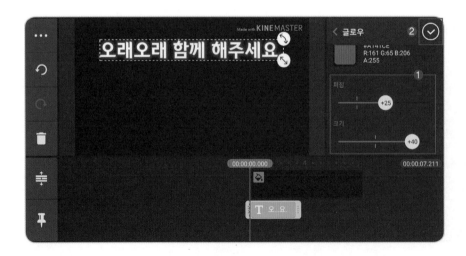

02 움직이는 자막 만들기

01 타임라인에서 텍스트 레이어의 시간을 단색 배경 시간과 맞춘 다음 액션 바에서 ⬛(키 애니메이션)을 터치합니다.

02 타임라인을 드래그하여 **플레이헤드를 시작 위치로 이동** 시킨 다음 미리보기 화면에서 **텍스트의 앞 글자만 보이도록 오른쪽 끝으로 이동**시킵니다.

03 이번에는 **플레이헤드를 오른쪽 끝으로 이동** 시킨 후 미리보기 화면에서 **텍스트를 화면 왼쪽 끝으로 이동**시킵니다.

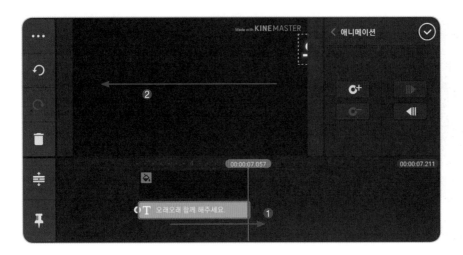

04 텍스트를 이동시켰으면 ⊘(확인)을 터치합니다.

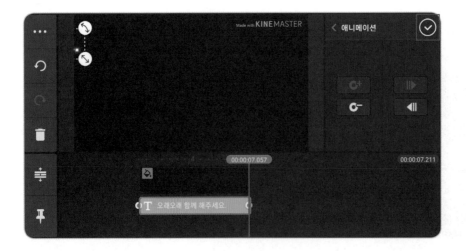

05 플레이헤드를 **시작 위치로 이동**시킨 후 [미디어] 패널에서 ▶**(재생)을 터치하면** 텍스트가
화면 왼쪽에서 오른쪽으로 이동하는 것을 확인할 수 있습니다.

06 다시 **플레이헤드를 시작 위치로 이동한** 타임라인에서 **텍스트 레이어를 선택합니다.** 액션
바에서 [**⋯ 더보기**]**를 터치**한 다음 [**⊞ 복제**]**를 선택합니다.**

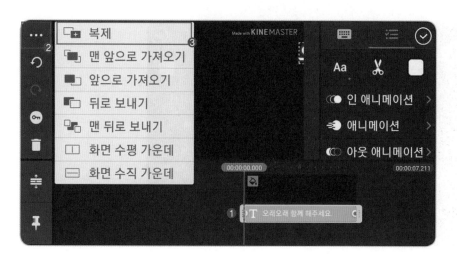

07 복제한 텍스트를 화면 가운데로 이동시키기 위해 타임라인에서 **복제된 텍스트 레이어를 선택**합니다. 액션 바에서 [**⋯ 더보기**]를 **터치**하여 [**▢ 화면 수평 가운데**]를 **선택합니다.**

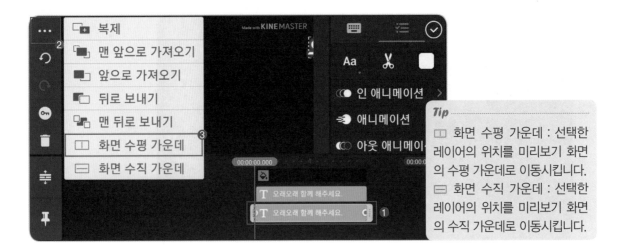

> **Tip**
> ▢ 화면 수평 가운데 : 선택한 레이어의 위치를 미리보기 화면의 수평 가운데로 이동시킵니다.
> ▭ 화면 수직 가운데 : 선택한 레이어의 위치를 미리보기 화면의 수직 가운데로 이동시킵니다.

08 텍스트 내용을 수정하기 위해 [옵션] 패널에서 [⌨ **키보드**]를 **터치합니다.**

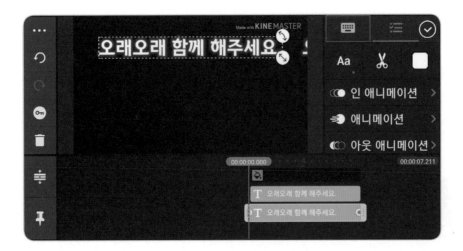

09 입력된 내용을 삭제하고 **"I love you"를 입력한** 다음 **[확인]을 터치합니다.**

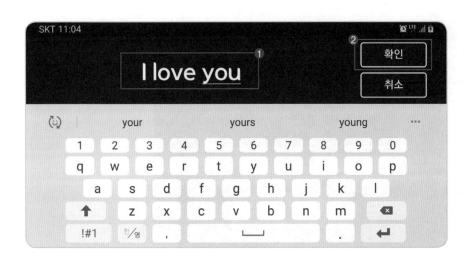

10 네온 색을 수정하기 위해 [옵션] 패널에서 **[T 글로우]를 터치합니다.**

11 [글로우] 옵션 패널에서 ■(색)을 터치합니다.

12 연한 녹색 계열을 선택하고 ◉(확인)을 터치합니다.

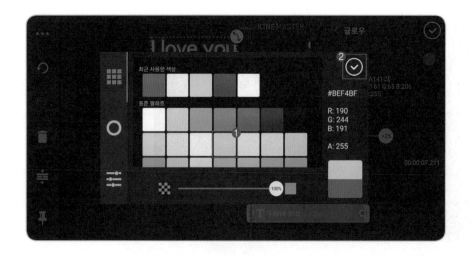

13 글로우 색이 변한 것을 확인한 후 ⊘(확인)을 터치한 다음 **텍스트를 화면 왼쪽 아래로 드래그하여** 이동시킵니다.

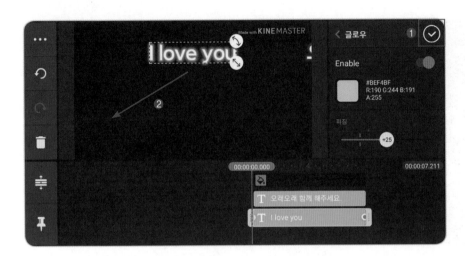

14 액션 바에서 ⚿(키 애니메이션)을 터치합니다.

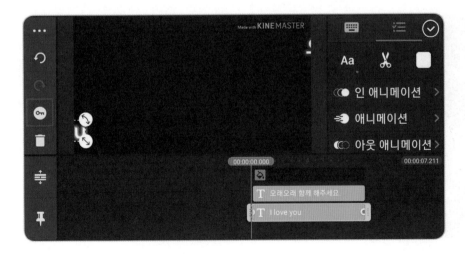

15 [애니메이션] 패널에서 ▶(다음)을 **터치하여** 플레이헤드를 오른쪽 앵커포인터 위치로 이동시킵니다.

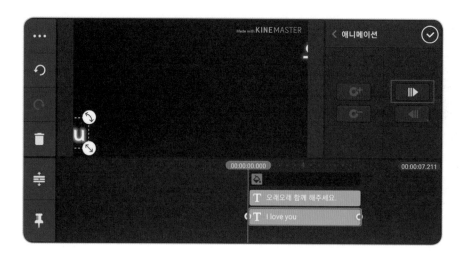

16 ◐(삭제)를 터치하여 앵커포인터를 삭제합니다.

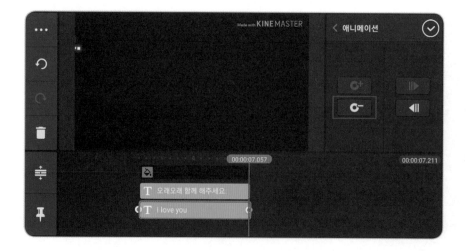

17 다시 애니메이셔 옵션 패널에서 **⊕(추가)**를 **터치하여** 앵커포인터를 추가한 다음 **텍스트를 화면 오른쪽 끝으로** 드래그하여 이동시킨 후 **⊘(확인)**을 **터치합니다.**

18 오버레이를 이용하여 원하는 스티커를 삽입하고 동영상을 완성합니다. 플레이헤드를 시작 위치로 이동한 다음 [미디어] 패널에서 **▶(재생)**을 **터치합니다.**

1. 글로우 효과를 적용하여 타이틀을 만들어 보세요.

2. 텍스트가 360도 회전하는 애니메이션을 만들어 보세요.

[힌트] 키 애니메이션을 터치하고
타임라인을 이동한 다음
텍스트의 ⟳(회전)을 이용하여
회전 동작을 반복합니다.

3. 동영상 제목에 글로우 효과를 적용하고, 오른쪽에서 왼쪽으로 움직이는 애니메이션을 만들어 보세요.

배경 음악 : Beautiful Day

4. 다음과 같이 내용을 입력하여 텍스트가 아래에서 위로 올라가는 애니메이션을 만들어 보세요.

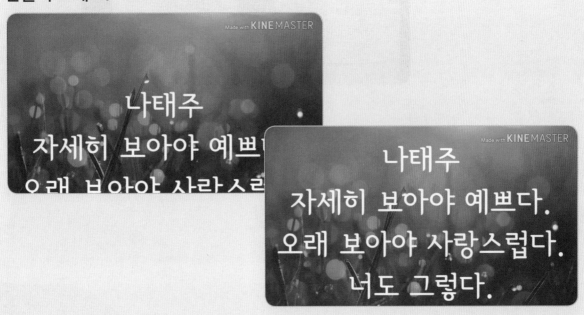

Section **13** 모자이크로 초상권 보호하기

흐린 날 밖에서 찍은 동영상의 밝기를 조절하고, 필터를 적용하여 분위기 있는 영상을 만들 수 있으며, 얼굴이나 상표, 특정 부분을 모자이크로 가리는 방법을 알아봅니다.

01 화면 밝기와 필터 적용하기

01 키네마스터를 실행한 다음 ▣**(새 프로젝트)를 터치하여** [프로젝트 화면 비율 선택] 화면에서 **'16:9'를 선택합니다.**

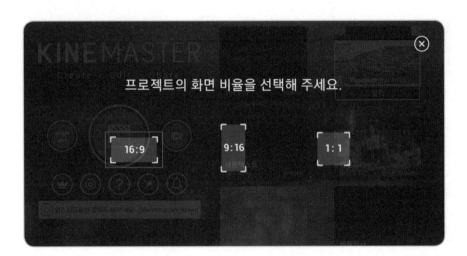

02 비디오 파일을 삽입하기 위해 [미디어 브라우저] 화면에서 **[Camera] 폴더를 터치합니다.**

03 [Camera] 폴더에서 ▦(더보기)를 터치하여 ▤(비디오)를 선택합니다.

04 편집할 **동영상을 선택하여** 삽입한 후 ◉(확인)을 터치합니다.

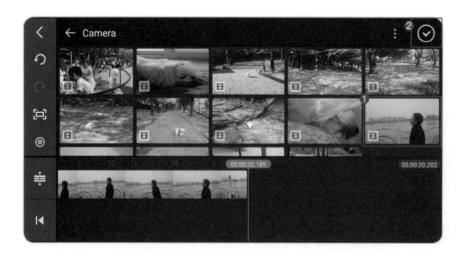

05 동영상 파일의 화면 밝기를 조절하기 위해 타임라인에서 삽입한 **동영상 레이어를 선택**한 다음 [옵션] 패널에서 [🔛 조정]을 터치합니다.

06 [조정] 패널에서 **밝기와 대비, 채도 값을 적당히 조절**하여 동영상 화면을 선명하게 설정한 후 **[<조정]을 터치하여** 이전 화면으로 되돌아갑니다.

> *Tip*
> 🔲 : 밝기
> 🔲 : 대비
> 🔲 : 채도

07 분위기 있는 영상을 만들기 위해 옵션 패널에서 [🎛 필터]를 터치합니다.

> **Tip**
> **필터**
> 따뜻함, 흑백, 빛바랜, 차가운 등 독특하고, 특수한 효과를 적용할 수 있습니다.

08 [필터] 패널에서 [기본]을 터치하고 [B04] 필터를 선택한 다음 강도 값을 조절한 후 ⊘(확인)을 터치합니다.

> **Tip**
> **필터 해제**
> 적용한 필터를 해제하려면 [필터] 옵션 설정 화면에서 [없음]을 선택합니다.

02 모자이크 애니메이션 설정하기

01 플레이헤드를 시작 위치로 이동합니다. [미디어] 패널에서 [⬙ 레이어]를 **터치**하여 [⒡ 효과]를 선택합니다.

02 [효과] 패널에서 [기본 효과]를 **터치**하여 [모자이크]를 선택한 다음 ⊘(확인)을 **터치**합니다.

03 타임라인에서 **모자이크 레이어를 선택**한 다음 동영상 시간에 맞게 **모자이크 레이어 시간을 늘려줍니다.**

04 플레이헤드를 시작 위치로 이동하고, 미리 보기 화면에서 모자이크의 크기를 조절한 후 모자이크 할 부분으로 이동시킵니다. 강도를 조절하기 위해 ⚙(**설정**)**을 터치합니다.**

> **Tip**
> **크기 조절**
> 아이콘을 이용하여 모자이크의 크기를 조절합니다.

05 [설정] 패널에서 **Block Size를 '7'**로 조절한 후 **[<설정]을 터치하여** 이전 화면으로 되돌아갑니다.

06 모자이크 모양을 변경하려면 [옵션] 패널에서 **[△ 모양]을 터치합니다.**

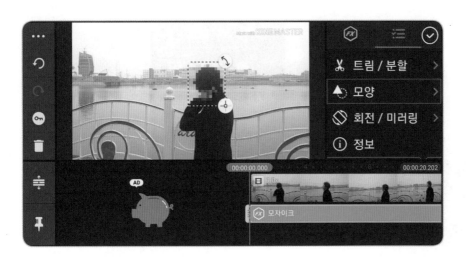

07 [모양] 패널에서 원모양을 선택하고 테두리를 부드럽게 하기 위해 **페더 값을 '15'로 설정한 후** ⊙**(확인)을 터치합니다.**

08 모자이크가 이동되는 애니메이션을 설정하기 위해 타임라인에서 모자이크 레이어를 선택한 다음 액션 바에서 ⊙**(키 애니메이션)을 선택합니다.**

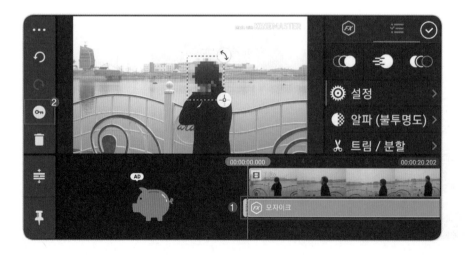

09 타임라인을 이동하여 모자이크에서 얼굴이 벗어나는 곳으로 **플레이헤드를 이동합니다.**
모자이크를 얼굴 위로 이동시킵니다.

> **Tip**
> 모자이크가 이동되는 위치에 따라 타임라인의 모자이크 레이어에 앵커 포인터가 표시됩니다.

10 위와 같은 방법으로 **타임라인을 이동**하면서 얼굴을 모자이크로 가리는 동작을 반복한 다음 설정이 끝나면 ⊙(**확인**)을 터치합니다.

03 음성 변조하기

01 타임라인에서 **비디오 레이어를 선택**한 다음 [옵션] 패널에서 [〰️ **음성 변조**]를 터치합니다.

02 [음성 변조] 옵션 패널에서 '**Kid**'를 **선택**하면 변조된 음성을 미리 들을 수 있습니다. ◎(확인)을 터치합니다.

1. 조정 기능을 이용하여 동영상 화면을 선명하게 보정해 보세요.

2. 모자이크 기능을 이용하여 아이들의 얼굴을 가려 보세요.

3. 가우시안 블러와 텍스트를 이용하여 금연 영상을 만들어 보세요.

4. 모자이크 기능으로 얼굴을 가리고, 텍스트를 이용하여 자막을 넣고, 음성을 변조해 보세요.

[조건] 음성변조 : Chipmunk

애니메이션과 크로마키 활용하기

손글씨와 키애니메이션을 이용하여 사진에 글씨가 써지는 동영상을 만들 수 있으며, 크로마키 기능으로 합성한 동영상의 배경을 감추는 방법을 알아보겠습니다.

01 손글씨 만들기

01 키네마스터를 실행한 다음 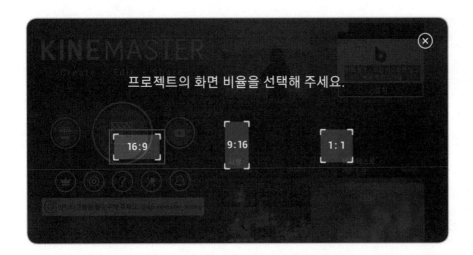(새 프로젝트)를 터치하여 [프로젝트 화면 비율] 선택 화면에서
'16:9'를 선택합니다.

02 배경 사진을 삽입하기 위해 [미디어 브라우저] 화면에서 **[단색 배경]을 터치합니다.**

03 [단색 배경] 화면에서 **'검정' 배경을 선택**하고 ⊙**(확인)을 터치합니다.**

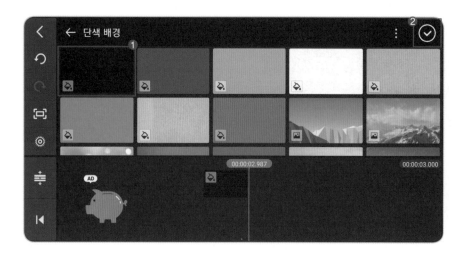

04 검정 단색 배경의 색을 변경하기 위해 타임라인에서 **단색 배경 레이어를 선택합니다.** [단색 배경] 패널에서 ■**(색)을 선택합니다.**

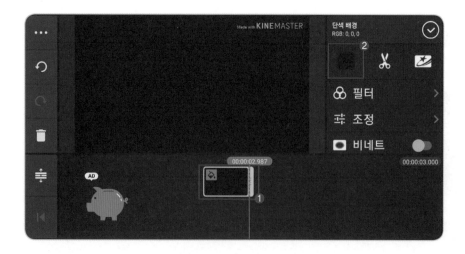

05 [색] 화면에서 **초록계열 색을 선택**하고 ⊚(확인)을 터치합니다.

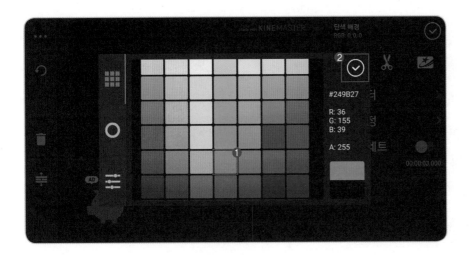

06 배경 색이 변경되면 [단색 배경] 패널에서 ⊚(확인)을 터치합니다.

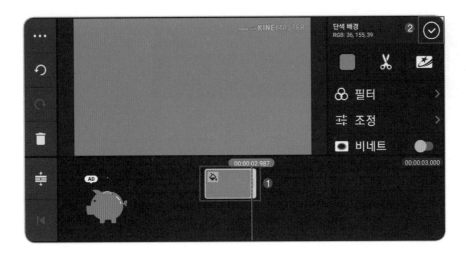

07 플레이헤드를 시작 위치로 이동한 다음 텍스트를 입력하기 위해 [미디어] 패널에서 [▒ 레이어]를 **터치**한 다음 **T**(텍스트)를 **선택합니다**.

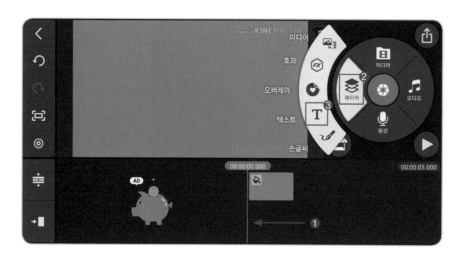

08 텍스트 입력 화면이 나타나면 **"happy journey"**를 **입력**하고 [확인]을 **터치합니다**.

09 입력된 텍스트의 크기 조절 아이콘(⬚)을 이용하여 크기를 화면에 맞게 조절한 다음 [옵션] 패널에서 **Aa(폰트)를 터치합니다.**

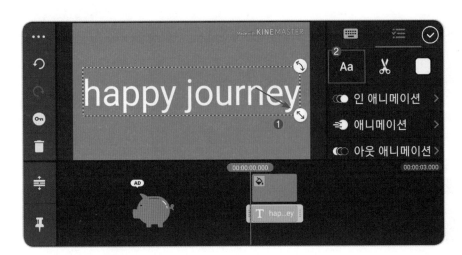

10 [T 폰트] 화면에서 **'Noto Serif Bold Italic'을 선택**하고 **◉(확인)을 터치합니다.**

11 다음과 같이 폰트가 변경되면 [옵션] 패널에서 ✅(확인)을 터치합니다.

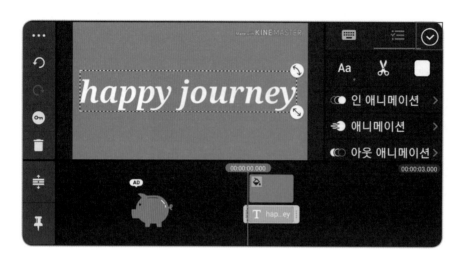

12 손글씨를 입력하기 위해 [미디어] 패널에서 [✿ 레이어]를 터치한 다음 ✐(손글씨)를 선택합니다.

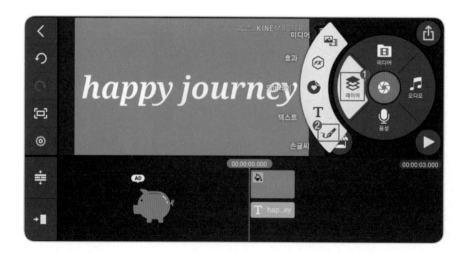

13 손글씨 색을 설정하기 위해 [옵션] 패널에서 ■(색)을 터치합니다.

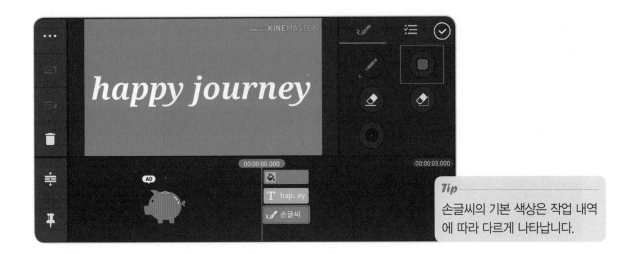

Tip
손글씨의 기본 색상은 작업 내역
에 따라 다르게 나타납니다.

14 [색] 화면에서 **배경색과 같은 색을 선택**하고 ◉(확인)을 터치합니다.

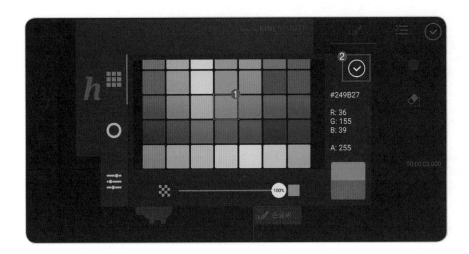

15 [옵션] 패널에서 ●(크기)를 **터치**하여 텍스트 두께보다 조금 더 굵은 브러시를 선택합니다.

16 입력된 텍스트의 마지막 글씨부터 글씨를 따라 그려줍니다.

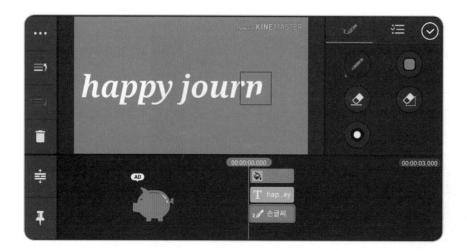

17 배경과 같은 색으로 텍스트를 따라 손글씨로 그렸기 때문에 아래와 같이 삭제된 것처럼 나타납니다. ⊙(확인)을 **터치합니다.**

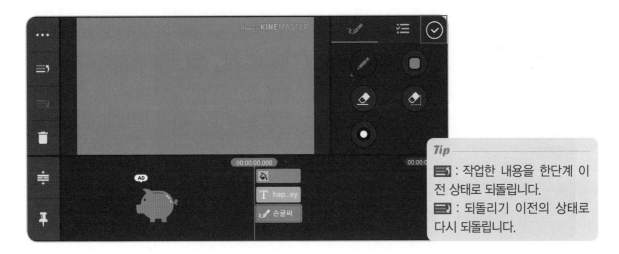

Tip
▤ : 작업한 내용을 한단계 이전 상태로 되돌립니다.
▤ : 되돌리기 이전의 상태로 다시 되돌립니다.

18 타임라인에서 **손글씨 레이어를 선택**한 다음 시간을 적당히 줄여줍니다.

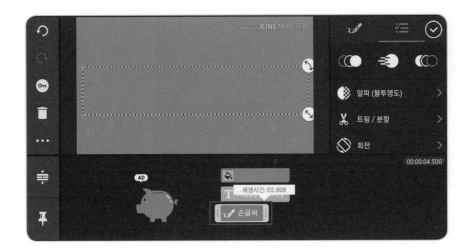

02 글씨가 써지는 애니메이션 만들기

01 텍스트에 애니메이션을 설정하기 위해 [옵션] 패널에서 ◖◗(아웃 애니메이션)을 선택합니다.

02 [아웃 애니메이션] 패널에서 **'순서대로 사라지기'를 선택**한 후 ◉(확인)을 터치합니다.

> **Tip**
> 애니메이션을 선택하면 미리보기 화면에 선택한 애니메이션의 미리보기가 실행됩니다.

03 텍스트 애니메이션 내보내기를 하기 위해 미디어 패널에서 🔲(나가기)를 터치합니다.

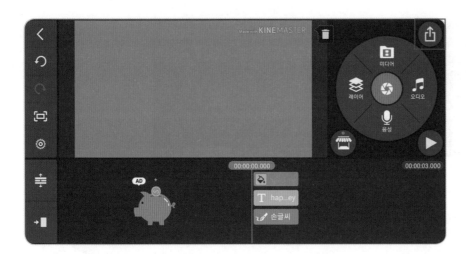

04 [내보내기 및 공유] 화면에서 [내보내기]를 터치합니다.

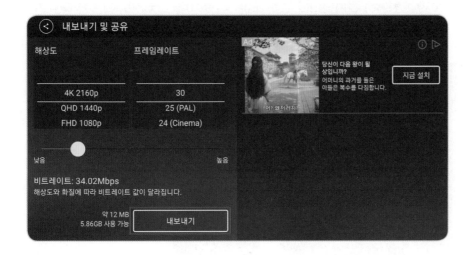

05 [KineMaster 프리미엄] 화면에서 **[건너뛰기 →]를 터치합니다.**

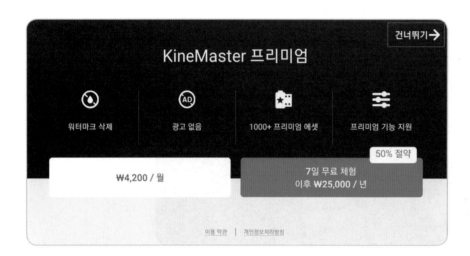

Tip

내보내기가 완료되면 광고 화면이 나타납니다. 3초 후에 ⊠ (닫기)를 터치하여 광고를 닫으면 됩니다.

03 크로마키 설정하기

01 키네마스터를 실행한 다음 ▣(새 프로젝트)를 터치하고 [프로젝트 화면 비율] 선택 화면에서 '16:9'를 선택합니다.

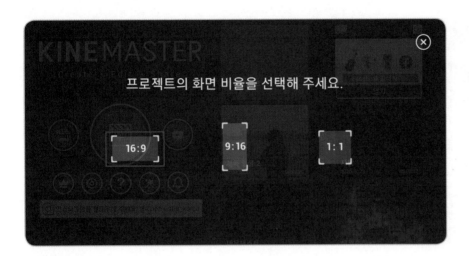

02 배경을 삽입하기 위해 [미디어 브라우저] 화면에서 **[단색 배경]을 터치합니다.**

03 [단색 배경] 화면에서 '**검정**' 배경을 **선택**하고 ⊙(확인)을 **터치합니다.**

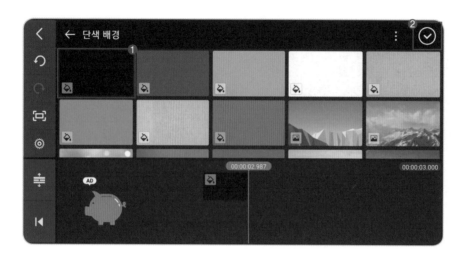

04 플레이헤드를 시작 위치로 이동한 다음 [미디어] 패널에서 [☰ 레이어]를 **터치**하여 ▦(미디어)를 선택합니다.

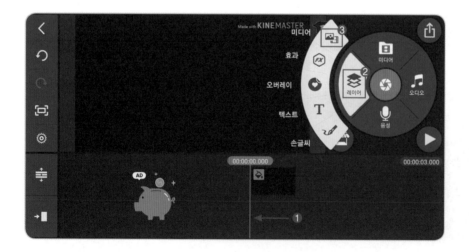

05 [미디어 브라우저] 화면에서 **[Camera] 폴더를 터치합니다.**

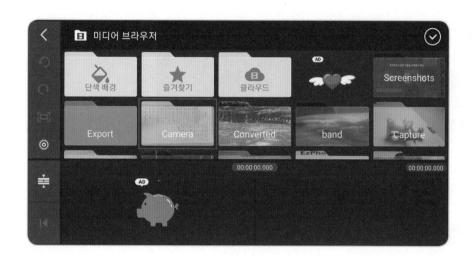

06 [Camera] 폴더에서 **배경으로 사용할 사진을 선택합니다.**

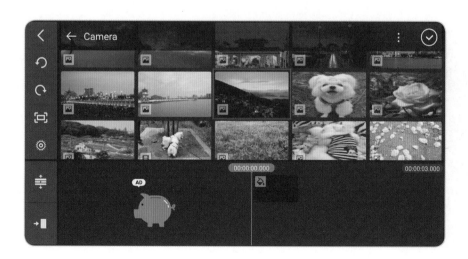

07 삽입한 **사진의 크기를 화면에 맞게 조절합니다.** 사진이 확대되는 애니메이션을 만들기 위해 **플레이헤드를 시작 위치로 이동한** 다음 액션 바에서 🔑(키 애니메이션)을 선택합니다.

08 이번에는 플레이헤드를 맨 뒤로 이동 시킨 다음 미리보기 화면에서 이미지 크기를 좀 더 키워준 후 ◉(확인)을 터치합니다.

09 타임라인에서 검정 배경 레이어와 사진 레이어의 시간을 늘린 후 ⊘(**확인**)**을 터치합니다.**

10 ▶(**재생**)**을 터치하면** 삽입한 사진이 점점 확대되는 것을 확인할 수 있습니다.

11 플레이헤드를 시작 위치로 이동한 다음 글씨가 써지는 애니메이션을 불러오기 위해 미디어 패널에서 [🞂 레이어]를 터치하여 🖼(미디어)를 선택합니다.

12 [미디어 브라우저] 화면에서 [Export] 폴더를 터치합니다.

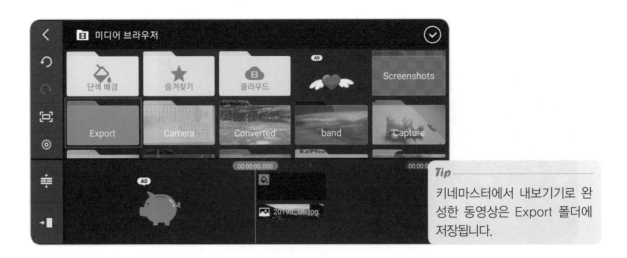

Tip

키네마스터에서 내보내기로 완성한 동영상은 Export 폴더에 저장됩니다.

13 [Export] 폴더에서 글씨가 써지는 **애니메이션을 선택합니다.**

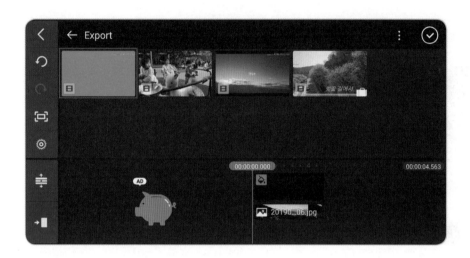

14 삽입된 애니메이션의 크기를 화면에 맞게 키운 다음 [미디어] 패널에서 **[🔊 크로마키]를 터치합니다.**

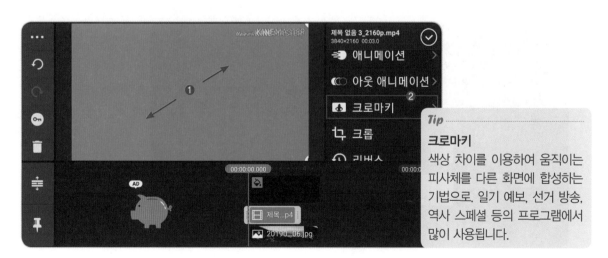

> *Tip*
>
> **크로마키**
> 색상 차이를 이용하여 움직이는 피사체를 다른 화면에 합성하는 기법으로. 일기 예보, 선거 방송, 역사 스페셜 등의 프로그램에서 많이 사용됩니다.

15 [크로마키] 패널에서 **[적용]**을 **터치**하여 활성화 시킨 다음 ■(**키 색상**)을 **터치합니다.**

16 키 색상 화면에서 글씨가 써지는 애니메이션의 배경과 같은 색을 선택하고 ●(**확인**)을 **터치합니다.**

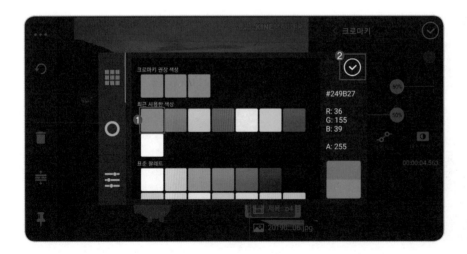

17 다음과 같이 크로마키를 값을 설정한 후 ⊙(확인)을 터치합니다.

18 [미디어] 패널에서 ▶(재생)을 터치하면 사진은 점점 크게 확대되면서 글씨가 써지는 동영상을 확인할 수 있습니다.

1. 손글씨로 글씨가 써지는 동영상을 만들어 보세요.

2. [Camera] 폴더에서 원하는 사진으로 다양한 장면 전환을 적용하고 글씨가 써지는
   동영상을 합성해보세요.

3. 크로마키를 이용하여 "힘내라! 대한민국"이 검정색 글씨로 써지는 동영상을 만들어 [내보내기]해 보세요.

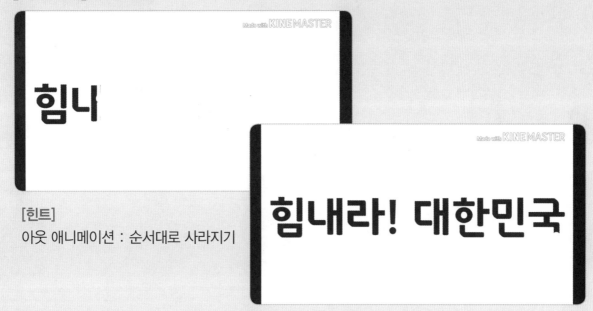

[힌트]
아웃 애니메이션 : 순서대로 사라지기

4. 사진이 점점 확대되면서 글씨가 나타나도록 해보세요.